LE

CENTENAIRE DU CODE CIVIL

1804-1904

PARIS

IMPRIMERIE NATIONALE

MDCCCCIV

LE

CENTENAIRE DU CODE CIVIL

1804-1904

LE
CENTENAIRE DU CODE CIVIL

1804-1904

PARIS

IMPRIMERIE NATIONALE

—

MDCCCCIV

LE
CENTENAIRE DU CODE CIVIL
1804-1904

L'initiative des fêtes auxquelles a donné lieu, en France, le Centenaire du Code civil revient au secrétaire général de la Société d'études législatives, M. R. Saleilles, professeur à la Faculté de droit de l'Université de Paris. Dès la date du 1er mai 1902, il présentait, au conseil de direction de la Société, un projet de manifestation de caractère exclusivement scientifique &, bientôt, il obtenait que la Société d'études législatives entreprît, pour l'année 1904, la publication d'un volume jubilaire, dans lequel les savants les plus qualifiés de France & de l'étranger retraceraient l'histoire du Code civil, ses caractères généraux, son développement au dedans & au dehors des frontières, &, enfin, les réformes qu'il conviendrait d'apporter à certaines de ses dispositions[1].

Au début de l'année 1904, la Chambre des députés avait été saisie, par M. Lefas, député, d'une proposition tendant à célébrer officiellement le Centenaire du Code civil. Cette proposition n'ayant pas été votée, la Société d'études législatives décida d'assumer la tâche de commémorer dignement le grand anniversaire national de 1904, dans une manifestation préparée & organisée avec des ressources privées. Dans ce but, elle entama des négociations avec la Société de législation comparée, qui accepta

[1] *Cet ouvrage a paru en octobre 1904 sous le titre suivant :* Le Code civil, Livre du Centenaire, *1804-1904. — Paris, Arthur Rousseau, éditeur.*

volontiers de partager sa tâche & sa responsabilité. Une commission mixte fut donc composée de membres des deux Sociétés, sous la présidence de M. Baudouin, leur président commun, &, bientôt, cette commission, s'étant adjoint un certain nombre de personnes représentant les grandes Compagnies ou Corporations judiciaires, l'Institut, les Sociétés savantes, ainsi que la Presse parisienne, le Comité de patronage du Centenaire du Code civil se trouva ainsi constitué :

PRÉSIDENT.

M. Baudouin, procureur général près la Cour de cassation, président de la Société de législation comparée & de la Société d'études législatives.

MEMBRES.

MM. Alix, avocat à la Cour d'appel de Paris, trésorier de la Société de législation comparée; Arnauné, directeur de l'administration des Monnaies, vice-président de la Société de législation comparée; Aucoc, ancien président de la Société de législation comparée, membre de l'Académie des sciences morales & politiques; Babinet, président honoraire à la Cour de cassation, ancien vice-président de la Société de législation comparée; Baillière, docteur en droit, secrétaire de la Société de législation comparée; Baitry, syndic de la Chambre des huissiers de Paris; Ballot-Beaupré, premier président de la Cour de cassation; Barboux, ancien bâtonnier de l'ordre des avocats à la Cour d'appel de Paris, ancien président de la Société de législation comparée; Bartaumieux, président de la Chambre des commissaires-priseurs du département de la Seine; Barthou, député, membre de la Société d'études législatives; Baudry-Lacantinerie, doyen honoraire de la Faculté de droit de l'Université de Bordeaux, membre du Comité consultatif des Facultés de droit; Bayet, directeur général de l'enseignement supérieur au Ministère de l'Instruction publique; Beauregard, professeur à la Faculté de droit de l'Université de Paris, député, membre de la Société d'études législatives; Benoist (Charles), député, membre de la Société de législation comparée; Bérenger, membre de l'Académie des sciences morales & politiques, sénateur; de Berly, président de la Compagnie des référendaires au sceau de France; Bernard, président de chambre à la Cour de cassation; Berthélemy, professeur à la Faculté de droit de l'Université de Paris, membre du Comité consultatif des Facultés de droit; BERTRAND, ancien magistrat, ancien vice-président de la Société de législation comparée; BÉTOLAUD, ancien bâtonnier de l'ordre des avocats à la Cour d'appel de Paris, ancien président de la Société de législation comparée, membre de l'Académie des sciences morales & politiques; DE BIÉVILLE, président de la Chambre des avoués près le Tribunal de la Seine; DE BOILISLE, président de chambre à la Cour d'appel de Paris, vice-président de la Société de législation comparée; BOISTEL, professeur à la Faculté de droit de Paris, membre du Comité de direction de la Société d'études législatives; BONNEVILLE DE MARSANGY, rédacteur en chef de la *Gazette des Tribunaux;* BOURDILLON, bâtonnier de l'Ordre des avocats à la Cour d'appel de Paris; BOURGEOIS (Léon), ancien président du Conseil des ministres, ancien président de la Chambre des députés, député, membre de la Société de législation comparée, membre de la Société d'études législatives; BOUTMY, directeur de l'École des sciences politiques, membre de l'Institut; BULOT, procureur général près la Cour d'appel de Paris; BURET, avocat à la Cour d'appel de Paris, secrétaire adjoint de la Société de législation comparée; CAILLEMER, doyen de la Faculté de droit de l'Université de Lyon, membre du Comité consultatif des Facultés de droit; CARPENTIER, agrégé des Facultés de droit, directeur du *Répertoire général du droit français;* CASIMIR-PERIER, ancien Président de la République, président de la Société des amis de l'Université; CAZOT, ancien garde des sceaux, sénateur, membre de la Société d'études législatives; CHALLAMEL, avocat à la Cour d'appel de Paris, secrétaire général adjoint de la Société de législation comparée; CHAMBAREAUD, président de chambre à la Cour de cassation; CHAUMAT, avocat à la Cour d'appel de Paris, ancien vice-président de la Société de législation comparée; FRANCK-CHAUVEAU, sénateur, membre de la Société d'études législatives; CHEUVREUX, ancien avocat à la Cour d'appel de Paris, secrétaire adjoint de la Société de législation comparée; CHEYSSON, inspecteur général des ponts & chaussées, membre de l'Institut, ancien vice-président de la Société de législation comparée; COLIN (Ambroise), professeur adjoint à la Faculté de droit de l'Université de Paris, membre de la Société d'études législatives; COTELLE, conseiller honoraire à la Cour de cassation, membre de la Société d'études législatives; COTELLE, notaire, premier syndic de la Chambre des notaires de Paris; COTTIGNIES, procureur de la République près le Tribunal de la Seine; COULON, vice-président du Conseil d'État; CROUZEL, président de l'Académie de législation de Toulouse; CRUPPI, avocat à la Cour d'appel de Paris, député, membre de la Société d'études législatives;

Croiset, membre de l'Institut, président de la Société d'enseignement supérieur; Daguin, avocat à la Cour d'appel de Paris, secrétaire général de la Société de législation comparée; Danet, ancien bâtonnier de l'Ordre des avocats à la Cour d'appel de Paris, vice-président de la Société d'études législatives; Dareste, conseiller honoraire à la Cour de cassation, membre de l'Académie des sciences morales & politiques, ancien président de la Société de législation comparée; Darras, docteur en droit, secrétaire de la Société de législation comparée; Decrais, ancien ministre, député, membre de la Société de législation comparée; Delaire, secrétaire général de la Société d'économie sociale; Delamarche, président de l'Association générale des étudiants; Derode, président de la Chambre de commerce de Paris; G. Desplas, président du Conseil municipal de Paris; Demonts, président de la Chambre des notaires de Paris; Deville, ancien président du Conseil municipal de Paris; Devin (Léon), ancien bâtonnier de l'Ordre des avocats à la Cour d'appel de Paris, ancien vice-président de la Société d'études législatives; Dietz, avocat à la Cour d'appel de Paris, ancien secrétaire général de la Société de législation comparée; Ditte, président du Tribunal civil de la Seine; Doniol, membre de l'Institut; Dubois, chef du contentieux de la Compagnie des chemins de fer de Paris à Orléans, ancien secrétaire général de la Société de législation comparée; du Buit, ancien bâtonnier de l'Ordre des avocats à la Cour d'appel de Paris, ancien président de la Société de législation comparée; Ducrocq, doyen honoraire de la Faculté de droit de l'Université de Poitiers, membre du Comité consultatif des Facultés de droit; Dufourmantelle (Maurice), chargé de conférences à la Faculté de droit de l'Université de Paris, secrétaire adjoint de la Société de législation comparée; Esmein, professeur à la Faculté de droit de l'Université de Paris, membre de l'Académie des sciences morales & politiques, membre du Conseil supérieur de l'instruction publique; Fabre (Victor), directeur des affaires civiles au Ministère de la justice; Fabre, président du Comité des notaires des départements; Féraud-Giraud, président honoraire à la Cour de cassation, ancien président de la Société de législation comparée; Flach, professeur au Collège de France; Fournier (Marcel), directeur général de l'Enregistrement, membre de la Société de législation comparée; comte de Franqueville, membre de l'Institut, membre de la Société de législation comparée; Frennelet, codirecteur des *Pandectes françaises;* Frèrejouan du Saint, directeur du *Répertoire général de droit français;* Fromageot, avocat à la Cour de Paris, secrétaire adjoint de la Société de législation comparée; Gérardin, professeur à la Faculté de droit de l'Université de Paris, ancien vice-président de la Société de législation comparée; GERMAIN (Henri), membre de l'Institut, député, membre de la Société de législation comparée; GIGOT, ancien préfet de police, ancien vice-président de la Société de législation comparée; GLASSON, doyen de la Faculté de droit de l'Université de Paris, membre de l'Académie des sciences morales & politiques, président honoraire de la Société d'études législatives, ancien vice-président de la Société de législation comparée; GOURD, député, membre de la Société de législation comparée; GRIOLET, vice-président du Conseil d'administration du Chemin de fer du Nord, codirecteur de la *Jurisprudence générale de M. Dalloz;* GUÉRIN, chef de bureau à la Caisse des dépôts & consignations, secrétaire adjoint de la Société de législation comparée; GUILLOUARD, professeur à la Faculté de droit de l'Université de Caen, membre correspondant de l'Institut; HAMEL, avocat à la Cour d'appel de Paris, secrétaire adjoint de la Société de Législation comparée; HÉBRARD, directeur du *Temps;* HÉDELIN, notaire honoraire, vice-président du Comité des notaires des départements; HERBAUX, conseiller à la Cour de cassation; HÉRON DE VILLEFOSSE, sous-chef de bureau au Ministère de la Justice, ancien trésorier de la Société de législation comparée; HUBERT-VALLEROUX, avocat à la Cour d'appel de Paris, ancien vice-président de la Société de législation comparée; ALIX JEAN, directeur de la *Gazette du Palais;* JESSIONNESSE, rédacteur en chef du *Recueil général des lois & arrêts;* JOLY (Henri), membre de l'Institut, président de la Société générale des prisons, président de la Société d'économie sociale; KRANTZ, ancien ministre, député, membre de la Société de législation comparée; LARNAUDE, professeur à la Faculté de droit de l'Université de Paris, membre de la Société d'études législatives; LEFAS, député; LEGRAND, sénateur, membre de la Société d'études législatives; LEHR, professeur honoraire à l'Université de Lausanne, membre correspondant de l'Institut, membre de la Société de législation comparée & de la Société d'études législatives; LEPELLETIER, professeur à la Faculté libre de droit de Paris; LE POITTEVIN, professeur à la Faculté de droit de l'Université de Paris, membre du Conseil de direction de la Société de législation comparée; LEROY-BEAULIEU (Paul), membre de l'Institut, ancien vice-président de la Société de législation comparée; LEVASSEUR, doyen des juges de paix de Paris; LIARD, membre de l'Institut, vice-recteur de l'Académie de Paris; LIOTARD-VOGT, procureur général à la Cour des comptes; DE LOYNES, professeur à la Faculté de droit de l'Université de Bordeaux, membre du Comité de direction de la Société d'études législatives; LYON-CAEN, professeur à la Faculté de droit de l'Université de Paris, membre de l'Académie des sciences morales & politiques, ancien président de la Société de législation comparée, vice-président de la Société d'études législatives; Marcé, conseiller référendaire à la Cour des comptes; Marguerie, conseiller d'État, vice-président de la Société d'études législatives; Massigli, professeur à la Faculté de droit de l'Université de Paris, membre du Comité de direction de la Société d'études législatives; Bienvenu-Martin, député, membre de la Société de législation comparée; Méline, ancien président du Conseil des ministres, sénateur, membre de la Société de législation comparée; Milliard, ancien ministre, sénateur, membre de la Société de législation comparée; Morizot-Thibault, substitut du procureur de la République près le Tribunal de la Seine, trésorier de la Société d'études législatives; Mou-tard-Martin, président de l'Ordre des avocats au Conseil d'État & à la Cour de cassation; de Nalèche, directeur du *Journal des Débats;* Passy (Frédéric), membre de l'Institut, député, membre de la Société de législation comparée; Pichon, éditeur de la Société de législation comparée; Picot (Georges), secrétaire perpétuel de l'Académie des sciences morales & politiques, ancien président de la Société de législation comparée; Piédelièvre, professeur à la Faculté de droit de l'Université de Paris, secrétaire général adjoint de la Société d'études législatives; Poincaré (R.), ancien ministre, sénateur, membre de la Société de législation comparée, & de la Société d'études législatives; de Ramel, avocat au Conseil d'État & à la Cour de cassation, député, membre de la Société de législation comparée; Renaud, premier président de la Cour des comptes; Renault, professeur à la Faculté de droit de l'Université de Paris, membre de l'Académie des sciences morales & politiques, ancien vice-président de la Société de législation comparée; Renault-Morlière, député, membre de la Société de législation comparée; Ribot, ancien président du Conseil des ministres, député, ancien président de la Société de législation comparée; Rivière, secrétaire général de la Société générale des prisons; Rousseau (Ar.), éditeur de la Société d'études législatives; Saleilles, professeur à la Faculté de droit de l'Université de Paris, secrétaire général de la Société d'études législatives; Sayet, président de la Chambre des agréés près le Tribunal de commerce de la Seine; Siegfried, député, membre de la Société de législation comparée; Sohier, président du Tribunal de commerce de la Seine; Sorel (Albert), membre de l'Académie française; Tanon, président de chambre à la Cour de cassation, vice-président de la Société d'études législatives; Terrat, doyen de la Faculté libre de droit; Thaller, professeur à la Faculté de droit de l'Université de Paris, vice-président de la Société de législation comparée; Theurault, ancien magistrat, secrétaire de la Société de législation comparée; THÉZARD, sénateur, membre de la Société de législation comparée; TOURSEILLER, président de la Chambre des avoués près la Cour d'appel de Paris; TRANCHANT, ancien conseiller d'État, ancien président de la Société de législation comparée; VERGÉ, codirecteur de la *Jurisprudence de M. Dalloz*; DE VERNEUIL, syndic de la Compagnie des agents de change à la Bourse de Paris; VILLEY, doyen de la Faculté de droit de l'Université de Caen, membre du Conseil supérieur de l'instruction publique; WEISS, professeur à la Faculté de droit de l'Université de Paris, directeur des *Pandectes françaises*.

Dans une réunion, tenue à la date du 18 mai, le Comité de patronage arrêta les grandes lignes de la manifestation projetée. Il fut décidé qu'elle aurait lieu vers la fin d'octobre, de manière à coïncider avec la publication du volume jubilaire, & qu'un appel serait adressé aux souscriptions corporatives & individuelles en vue de subvenir aux dépenses d'impression du volume & à celles des solennités destinées à commémorer la célébration du Centenaire. Quant aux détails de la manifestation, ils durent être réglés par un Comité d'exécution, composé des membres de la Commission mixte d'initiative & de quelques autres personnes choisies parmi les membres du Comité de patronage.

Ce nouvel organe, après diverses adjonctions, prit le nom de Comité du Centenaire du Code civil. *Il fut composé de :*

MM.

BAUDOUIN, procureur général près la Cour de cassation, président; F. DAGUIN, avocat, secrétaire général de la Société de législation comparée; SALEILLES & PIÉDELIÈVRE, professeurs à la Faculté de droit de Paris, secrétaire général & secrétaire général adjoint de la Société d'études législatives; CHAUMAT, avocat à la Cour d'appel; HÉRON DE VILLEFOSSE, sous-chef de bureau au Ministère de la Justice; MORIZOT-THIBAULT, substitut du procureur de la République à Paris; LEPELLETIER, professeur à la Faculté libre de droit de Paris; MARCÉ, conseiller référendaire à la Cour des comptes; COTELLE, conseiller honoraire à la Cour de cassation; FABRE, notaire, président du Comité des notaires des départements; LEGRAND, sénateur; LARNAUDE, professeur à la Faculté de droit de Paris; Ambroise COLIN, professeur adjoint à la Faculté de droit de Paris; Alix JEAN, directeur de la *Gazette du Palais*; BONNEVILLE DE MARSANGY, rédacteur en chef de la *Gazette des Tribunaux*; CHEYSSON, membre de l'Institut; Jean CRUPPI, député; LEFAS, député; Arthur ROUSSEAU, éditeur de la Société d'études législatives; TRANCHANT, ancien conseiller d'État.

Le Comité du Centenaire fit choix d'un secrétaire-trésorier dans la personne de M. AMBROISE COLIN.

Le Comité du Centenaire, dans l'intervalle compris entre sa constitution & le début des vacances, tint de nombreuses réunions. Il adreſſa des demandes de concours moral & pécuniaire aux corporations judiciaires de Paris, qui répondirent, pour la plupart, généreusement à son appel. Il reçut auſſi de nombreuses adhésions & souscriptions individuelles. Il adreſſa des invitations, à titre privé, à un grand nombre de savants étrangers, membres de la Société de législation comparée ou de la Société d'études législatives, ou désignés par leurs sympathies pour la France ou pour leurs travaux relatifs à la législation française. Il décida qu'une médaille commémorative serait frappée à la Monnaie & distribuée aux adhérents. Enfin, il arrêta le programme de la manifestation & le nom des orateurs qui seraient conviés à prendre la parole à la séance solennelle, fixée à la date du 29 octobre. Trois encouragements précieux ne tardèrent pas à consacrer ses efforts.

Tout d'abord, un extrait du volume jubilaire contenant les articles plus particulièrement consacrés à l'histoire du Code civil en France fut présenté à l'Académie des sciences morales &

politiques qui voulut bien, sur le rapport de M. Doniol, lui accorder le prix Chevalier, d'une valeur de 3,000 francs.

En second lieu, le Parlement vota une subvention de 10,000 francs pour le Centenaire; la Chambre des députés, sur le rapport de M. Jean Cruppi, le Sénat, sur le rapport de M. Antonin Dubost.

Enfin, M. Vallé, Garde des Sceaux, voulut bien accepter de présider les réunions & solennités projetées, de prendre la parole à la séance du 29 octobre. Il promit & aßura le concours sans réserve de la Chancellerie.

Grâce au haut patronage des pouvoirs publics, ainsi conquis par l'action du Comité & l'activité dévouée de son président, la manifestation prit peu à peu des proportions de plus en plus grandioses & en vint à acquérir l'importance d'un événement national, surtout lorsque M. le Président de la République eut bien voulu accepter l'invitation du Comité à honorer de sa présence la séance du 29 octobre. C'est ainsi que des invitations officielles furent adreßées aux Ministres de la Justice & de l'Instruction publique des États étrangers les priant d'aßister ou de se faire représenter à la fête du Centenaire; que le Corps diplomatique fut pareillement convié à la cérémonie; que les grands corps judiciaires de Paris ainsi que la Faculté de droit décidèrent d'y aßister en costume. Grâce à la bienveillance de M. Chaumié, Ministre de l'Instruction publique, & de M. Liard, recteur de l'Université de Paris, le grand amphithéâtre de la Sorbonne fut mis à la disposition du Comité.

Le jour venu, le Centenaire du Code civil fut donc célébré en grande pompe devant une nombreuse aßistance, d'une manière digne, en un mot, des grands souvenirs que l'on s'était proposé d'honorer. Malheureusement, on eut à déplorer l'absence de deux des organisateurs de la manifestation, de ceux qui avaient le plus contribué à en aſſurer le succès. Ni M. Saleilles, le véritable initiateur du Centenaire, ni M. Baudouin, l'infatigable président du Comité dont on peut dire qu'il avait été l'âme toujours agiſſante, ne purent être présents le 29, retenus loin de Paris, l'un par l'état de sa santé, l'autre par un deuil de famille. Deux hautes personnalités avaient, d'ailleurs, bien voulu accepter de remplacer M. Baudouin, M. Ballot-Beaupré, premier président de la Cour de caſſation, en prenant la parole à la séance du 29 au nom de la Cour suprême, & M. Lyon-Caen, membre de l'Inſtitut, profeſſeur à la Faculté de droit, vice-président de la Société d'études législatives, en rempliſſant les autres fonctions présidentielles.

La célébration du Centenaire du Code civil a eu lieu dans le grand amphithéâtre de la Sorbonne, le samedi 29 octobre, à deux heures de l'après-midi.

Sur l'estrade d'honneur, aux côtés de M. le Président de la République, ont pris place :

MM.

Ernest VALLÉ, Garde des Sceaux, ministre de la Justice;
CHAUMIÉ, ministre de l'Instruction publique & des Beaux-Arts;
POIRRIER, vice-président du Sénat;
GERVILLE-RÉACHE, vice-président de la Chambre des députés;
Les délégations du Sénat & de la Chambre des députés;
Le Général Ministre de la Guerre, représenté par M. le Contrôleur général d'armée DEMEUNYNCK;
Le Président du Conseil, ministre de l'Intérieur, représenté par M. RÉVEILLAUD, sous-chef du secrétariat particulier;
Les Ministres des Affaires étrangères, de la Marine, des Finances & des Colonies, représentés par des fonctionnaires de leurs départements respectifs;
S. Ex. le Prince RADOLIN, ambassadeur d'Allemagne;
S. Ex. le Comte TORNIELLI, ambassadeur d'Italie;
A. LEGHAIT, envoyé extraordinaire & ministre de Belgique;
I. MOTONO, ministre du Japon;
Le Chevalier A. DE STUERS, ministre plénipotentiaire des Pays-Bas;
DE SOUZA-ROZA, envoyé extraordinaire & ministre plénipotentiaire de Portugal;
G. GHIKA, ministre plénipotentiaire de Roumanie;
LARDY, envoyé extraordinaire & ministre plénipotentiaire de Suisse à Paris, premier juge au Tribunal de cassation militaire;

VESNITCH, ministre de Serbie;
PHYA-SUSIYA, ministre de Siam;
BERNAERT, ancien président du Conseil des ministres de Belgique, membre de l'Institut de France;
LEJEUNE, ministre d'État de Belgique;
EYSCHEN, ministre d'État, président du Gouvernement grand-ducal, chargé du département des Affaires étrangères du grand-duché de Luxembourg;
Sir EDWARD FRY, ancien juge de la Cour suprême & Lord Justice Appel, membre de la Cour d'arbitrage de La Haye, représentant du Gouvernement britannique;
Le Docteur SCHUMACHER, délégué d'Autriche;
GALOPIN, professeur à l'Université de Liège, délégué de Belgique
VAN MALDEGHEM, président à la Cour de cassation, présiden de la Commission de revision du Code civil, délégué de Belgique;
Edmond PICARD, sénateur, avocat à la Cour de cassation de Belgique;
Le Docteur ZOLOTOWITZ, délégué de Bulgarie;
S. Ex. Ismaïl SABRI PACHA, sous-secrétaire d'État au Ministère de la Justice, délégué d'Égypte;
Henri VIGNAUD, secrétaire d'ambassade, délégué des États-Unis;
CASASIS, délégué de Grèce;
E. HUBER, professeur à l'Université de Berne, rédacteur du Code civil suisse & membre du Conseil national de Berne, délégué helvétique;
DE NAGY, député, ancien secrétaire d'État, délégué de Hongrie;
ORONZO QUARTA, procureur général à la Cour de cassation de Rome, délégué d'Italie;
BASTIN, consul de Luxembourg;
Le Baron DE ROLLAND, président du Tribunal supérieur, délégué de Monaco;
DE MORGENSTJERNE, doyen de la Faculté de droit de l'Université de Christiania, délégué de Norvège;
F. DA VEIGA BEIRÂO, Conseiller d'État, professeur de droit, ancien ministre des Affaires étrangères & de la Justice, délégué du Portugal;

DISSESCOU, avocat, professeur à l'Université de Bucarest, ancien ministre de la Justice, délégué de Roumanie;

Ch. PHÉRÉKYDE, président de chambre à la Cour de cassation, délégué de Roumanie;

DE HAMMARSKJOLD, ancien ministre de la Justice, président de la Cour d'appel de Gota, délégué de Suède;

V. SRB, bourgmestre de la ville de Prague;

Albert SOREL, membre de l'Académie française & de l'Académie des sciences morales & politiques;

CHEYSSON, membre de l'Institut;

DONIOL, membre de l'Institut;

LEVASSEUR, membre de l'Institut, administrateur du Collège de France;

Georges PICOT, membre de l'Institut, secrétaire perpétuel de l'Académie des sciences morales & politiques;

Félix ROCQUAIN, membre de l'Institut;

LIARD, membre de l'Institut, vice-recteur, président du Conseil de l'Université de Paris;

GLASSON, membre de l'Institut, doyen de la Faculté de droit;

LYON-CAEN, membre de l'Institut, professeur à la Faculté de droit, vice-président du Comité du Centenaire;

BALLOT-BEAUPRÉ, premier président de la Cour de cassation;

COULON, vice-président du Conseil d'État;

RENAUD, premier président de la Cour des comptes;

LIOTARD-VOGT, procureur général à la Cour des comptes;

Le général DESSIRIER, gouverneur militaire de Paris;

DE SELVES, préfet de la Seine;

LÉPINE, préfet de police;

FORICHON, sénateur, premier président de la Cour d'appel de Paris;

BULOT, procureur général à la Cour d'appel de Paris;

BAYET, directeur de l'Enseignement supérieur;

BOIVIN-CHAMPEAUX, président du Conseil de l'Ordre des avocats au Conseil d'Etat & à la Cour de cassation;

BOURDILLON, bâtonnier de l'Ordre des avocats à la Cour d'appel de Paris;

DITTE, président du Tribunal civil de la Seine;

FABRE, procureur de la République près le Tribunal civil de la Seine;
SOHIER, président du Tribunal de commerce de la Seine;
BOUCHER, colonel de la Garde républicaine, etc., etc.

Dans l'hémicycle, s'étaient rangés les corps ou délégations ci-après, en costume officiel : le Conseil d'État, la Cour de cassation, la Cour des Comptes, la Cour d'appel de Paris, la Faculté de droit de l'Université, à laquelle s'étaient joints un certain nombre de professeurs des Facultés de droit des Universités départementales, l'Ordre des avocats au Conseil d'État & à la Cour de cassation, l'Ordre des avocats à la Cour d'appel de Paris, le Tribunal civil de la Seine, le Tribunal de Commerce, les avoués à la Cour d'appel & au Tribunal, les Juges de paix de Paris, les Conseillers prudhommes de Paris, les Notaires, les Agréés au Tribunal de Commerce, les Commissaires-priseurs, les Huissiers.

Les discours suivants ont été successivement prononcés.

DISCOURS DE M. VALLÉ

GARDE DES SCEAUX, MINISTRE DE LA JUSTICE

Dans le discours préliminaire au projet de Code civil, la Commission de l'an VIII disait : «Les Codes des peuples se font avec le temps; mais à proprement parler, on ne les fait pas.»

Sage parole, qui nous invite à célébrer dans la cérémonie d'aujourd'hui moins encore l'anniversaire d'une date illustre que la continuité de notre histoire & le développement harmonieux de notre droit.

Le long effort unitaire de l'ancienne France devait logiquement aboutir à l'unité de législation, puisqu'on vit toujours, au cours des temps, notre nation & notre loi se développer suivant le même mouvement.

A l'heure même où la bourgeoisie, au soir du XIe siècle, essayait de déborder l'enceinte des communes, pour organiser son indépendance sur des bases plus larges, une école de savants évoquait Justinien oublié, & relevait devant l'Europe occidentale le prestige du droit romain.

Bientôt, des aspirations que formulaient les cités, des textes que commentaient avidement les étudiants de Montpellier, une même leçon parut se dégager : c'est que pour être grands, les peuples doivent posséder à la fois l'ordre dans les jugements, & la méthode dans les actes.

Cette leçon fut recueillie par les légistes, qui instruisirent la royauté à ramasser dans ses mains la puissance de droit & de fait éparse jusqu'alors à travers le désordre des seigneuries féodales. Et depuis Louis XI qui confiait à Commines son désir de voir «toutes les coutumes mises en français, dans un beau livre», jusqu'à la Convention donnant à son comité de législation un mois pour lui présenter un projet de Code civil, les philosophes, les jurisconsultes & les politiques n'ont jamais cessé de poursuivre d'un même accord le rêve d'une France unifiée où auraient disparu, avec les barrières entre les provinces, les barrières entre les coutumes.

Tandis que les avocats invoquent devant les Parlements le droit coutumier quelquefois, le droit romain le plus souvent, si nous en croyons le journal d'audience de Jean Le Coq; tandis que les arrêtistes recueillent & interprètent les sentences; tandis que les professeurs, chaque jour plus érudits, groupent autour d'eux des élèves chaque jour plus nombreux, les ordonnances royales, dont l'exécution était d'abord limitée au domaine du roi, étendent leur influence à mesure que le domaine s'accroît, grandissent en autorité, se multiplient, embrassent un plus grand nombre de sujets, visent à régler tous les détails de la vie privée.

A chaque progrès de la science juridique répond un progrès

de la législation; à côté de chaque grand théoricien se rencontre un grand chancelier.

Au moment où Dumoulin, dans ses dissertations, dans ses traités, critique la vieille rédaction des coutumes, entame le droit canonique, combat les privilèges de la féodalité, Michel de l'Hospital, d'accord avec les notables, avec les États généraux, élabore l'ordonnance d'Orléans de 1561 & l'ordonnance de Moulins de 1566 qui réforment la procédure & les tribunaux.

Un siècle plus tard, alors que Domat cherche à retrouver les principes des institutions civiles dans ceux de la morale, & se prépare à « montrer le premier », ce dont le louera Boileau, « un plan & une sagesse cachés dans la science du droit », Colbert dit à Louis XIV : « L'unité de législation serait assurément un dessein digne de la grandeur de Votre Majesté & qui lui attirerait un abîme de bénédictions & de gloires. »

A côté du grand ministre qui travaille à l'ordonnance de 1667 sur la procédure civile, le *Code Louis,* comme on la nomma, l'illustre Lamoignon cherche à mettre le droit en formules, révise la coutume de Paris & publie, en 1672, ses *Arrêtés* qui seront un jour d'un secours si précieux aux rédacteurs du Code civil.

Enfin, sous Louis XV, dans le temps même où Pothier éclaire le droit romain, d'Aguesseau rédige ses trois grandes ordonnances, sur les donations, sur les testaments, sur les substitutions, & fait dire au roi dans le préambule de l'ordonnance de 1731 : « Notre amour pour la justice dont nous regardons l'administration comme le premier devoir de la royauté & le désir que nous avons de la faire respecter également dans tous nos états, ne nous permettent pas de tolérer plus longtemps une diversité de jurisprudence qui produit de si grands inconvénients. »

Les questions que le chancelier d'Aguesseau a réglementées dans ses ordonnances sont reprises par Pothier dans ses Traités, & cette fois, c'est la pratique qui montre le chemin à la doctrine.

Mais l'entente demeure absolue entre les hommes d'étude & les hommes de pouvoir : tous appellent l'unité, tous la promettent.

Cependant, après tant de règnes, tant de travaux, tant de déclarations, tant d'ordonnances, elle n'est pas réalisée.

L'espérance des savants, la volonté répétée des États généraux, des ministres & des rois se heurtent tantôt à l'orgueil immobile des Parlements, qui refusent d'enregistrer les édits, tantôt à la jalousie de l'Église, qui veut garder son droit, ses justiciables & ses officialités; elles se perdent dans la broussaille infinie des coutumes, elles sont arrêtées de toutes parts par le réseau des privilèges féodaux qui couvrent encore le pays.

Et les philosophes ironiques de l'Encyclopédie peuvent demander à cette royauté qui croit tenir sous l'absolutisme de sa loi la France tout entière, de la Manche à la Méditerranée : «Qu'est-ce qu'une loi dont la justice locale & dont l'autorité, bornée tantôt par une montagne, tantôt par un ruisseau, s'évanouit, parmi les sujets d'un même État, pour quiconque passe le ruisseau ou la montagne?»

Mais voici la Révolution qui emporte les égoïsmes, les abus, les mauvais vouloirs dans un grand flux d'égalité! L'unité poursuivie, en vain, pendant toute la Monarchie, c'est elle qui va la conquérir.

Dans cette nuit du 4 août où l'ancienne noblesse, comme ivre d'avenir, s'exalte d'heure en heure au spectacle de ses sacrifices, les justices seigneuriales s'abaissent d'elles-mêmes, les droits féodaux sont dispersés au vent, & des siècles de privilèges tombent en poussière. Désormais, l'impulsion est telle qu'aucun événement ne pourra la ralentir.

A la loi des 8-15 avril 1791, qui proclame l'égalité des enfants, succèdent la loi du 14 novembre 1792, qui prohibe les substitutions destinées à entretenir l'éclat des grandes familles, & la loi de nivôse an II sur les successions, qui morcèle les fortunes.

L'aspect de la famille, la forme de la propriété, tout se modifie.

La constitution du 3 septembre 1791 a fait du mariage un contrat civil; le 20 septembre 1792, le divorce entre dans la loi, & le même jour, le clergé, dépossédé d'une antique prérogative, remet aux magistrats municipaux les registres de l'état civil; le principe de l'égalité des cultes est consacré.

Ce n'est pas assez de ces fragments de droit civil qui viennent s'ajouter à d'autres fragments, renouveler & enrichir le fonds de l'ancien régime. La Révolution ne se contente pas d'avoir émancipé l'homme de la tyrannie du seigneur, sécularisé les services publics, aboli la suprématie de l'aîné sur les cadets, de l'homme sur la femme, supprimé le droit de primogéniture & le droit de masculinité, créé une atmosphère juridique plus accueillante & plus douce aux enfants naturels & aux étrangers, inauguré un régime de successions qui devait empêcher la résurrection de la propriété féodale; elle veut encore organiser ses conquêtes, séparer à jamais le temporel du spirituel, assurer définitivement l'égalité des personnes & des biens devant la loi & ouvrir une ère nouvelle où la justice ne connaîtra ni différence entre les hommes, ni différence entre les contrées. Après la Constituante, la Convention, du ton dont elle commande des victoires à ses généraux, commande des codes à ses juristes.

Elle est obéie. Le 7 août, à l'heure même où l'on apprend la marche des alliés sur Paris, Cambacérès annonce que le projet de Code civil est rédigé, & le surlendemain, le 9 août, l'Assemblée se recueille pour en écouter la lecture.

A voir ce jour-là les représentants si calmes, si attentifs à suivre l'exposé philosophique des principes nouveaux, si unanimes dans l'approbation, on dirait que la Convention siège hors de l'espace & du temps.

Oublient-ils donc, tous ces rêveurs, leurs luttes d'hier, leurs soupçons de tout à l'heure, leurs ennemis du dedans & du dehors? La confiance renaît-elle, la terreur s'apaise-t-elle, les vaisseaux de Pitt s'éloignent-ils de nos ports & la contre-révolution recule-t-elle hors de la Patrie?

Non, ces théoriciens un instant apaisés ne renoncent ni à leurs passions ni à leurs défiances. Ils ne croient pas à la sécurité publique & savent que, de quelque côté qu'ils se tournent, ils vont à la rencontre d'un danger.

En entrant dans la salle chacun commente avec inquiétude les nouvelles qui arrivent de Vendée où la chouannerie tient tête victorieusement aux troupes républicaines, de Lyon & de Marseille où l'insurrection girondine se combine avec l'insurrection royaliste. La Convention voit déjà l'ennemi aux portes de Paris; la frontière du Nord et la frontière du Rhin ont cédé à la fois; Mayence & Valenciennes ont capitulé à cinq jours de distance; les Pyrénées sont franchies par les Espagnols en marche sur Bayonne & Perpignan; le blocus des ports, la reddition des villes, les désastres de Custine après les trahisons de Dumouriez, les cinq armées étrangères qui, par les routes du Nord, de l'Est, du Midi, s'écoulent vers la capitale, tout annonce que la nation française va être demain submergée sous le flot & effacée de la carte. Mais la Convention élève sa pensée au-dessus de ces tumultes & de ces périls, accomplit en pleine guerre son haut dessein de faire pénétrer l'égalité dans la vie privée, s'enthousiasme à l'idée de lancer la proclamation des droits civils, &, au moment où l'Europe envahit son territoire, elle prépare des lois pour l'Europe.

La discussion du projet Cambacérès commence le 22 août. Le lendemain 23, l'Assemblée décrète la levée en masse & délibère sur le chapitre du Code relatif aux conditions du mariage. Le débat se poursuit en septembre & octobre, au milieu de l'exaltation des fédérés, des angoisses de l'échafaud, de la fièvre des batailles. Toute la France est debout, la moitié de la Convention est aux armées, il semble que ce pays songe seulement à se défendre, & il réfléchit, il discute, il organise. A mesure que la discussion juridique progresse, la Convention retrouve l'énergie de l'ordre, lève des armées, découvre des subsistances, improvise des victoires, avance à son tour sur l'Europe.

L'œuvre de Cambacérès n'est cependant pas oubliée. On la trouve toutefois trop minutieuse, pas assez philosophique, & la Convention charge une commission de la résumer.

Le 9 thermidor survient, mais la promesse d'un Code survit impérieuse.

Les projets se succèdent : second projet de Cambacérès du 28 brumaire an II, troisième projet Cambacérès déposé au Conseil des Cinq-Cents, projet Jacqueminot, déposé le 30 frimaire an VIII et qui, pas plus que les autres, ne conquiert l'assentiment national.

Enfin, la même année, en nivôse, Tronchet, Bigot-Préameneu, Portalis sont chargés de préparer un cinquième projet, qui reproduit la plupart des dispositions inscrites dans les autres.

Celui-là, Bonaparte se charge de le faire aboutir. Un instant il est arrêté par les scrupules libéraux du Tribunat, il s'en débarrasse par un coup d'État; il traite les jurisconsultes comme un chef d'armée ses lieutenants, règle les détails des articles aussi soigneusement que des plans de bataille, & met une obstination de génie à assurer les conquêtes juridiques de 1789.

Sans doute, à certains moments, le Premier Consul laisse percer ou cet égoïsme dominateur qui ramène tout à lui & se marque dans les articles relatifs au mariage & à l'adoption, ou cette crainte de l'inconnu, propre aux esprits conservateurs, qui s'affirme par une certaine hostilité envers les étrangers.

Malgré ces créations personnelles de Bonaparte, effacées d'ailleurs, pour la plupart, par le travail constant des lois, le Code de 1804 est promulgué, & il paraît au monde la conclusion légale de la Révolution française.

Du jour où il est mis en vigueur, ses principes pénètrent les peuples : ils accompagnent la victoire & lui survivent.

La France n'était pas cependant la première nation qui pût s'enorgueillir d'un code. Christian V en avait donné un au Danemark dès 1684; la Suède avait le sien depuis 1734, la Bavière depuis 1756; en 1794, à l'heure où Cambacérès était contraint de refaire son projet, la Prusse mettait en vigueur son *Landrecht*.

Mais tous ces codes ne parvenaient pas à se répandre hors des frontières nationales. Ils n'étaient pas assez simples pour être partout compris. Peut-être aussi leur manquait-il la lumière qui, seule, se propage à travers l'étendue.

«Il est un fait, a dit Bluntschli, qui est la justification & la glorification du Code civil français. Aucune nation n'a songé à imiter le Code prussien, tandis que le Code français a été maintenu en Belgique, dans les provinces rhénanes, dans le grand-duché de Bade, dans le royaume de Pologne... Les vaincus, chose remarquable, gardèrent les lois françaises comme un bienfait.»

Là où le droit nouveau parut, le droit antique fut délaissé pour toujours. Et, longtemps après que le souvenir de la domination française eut quitté les mémoires, les familles de la rive droite du Rhin & des bords de la Vistule appliquaient, sans le savoir, dans leur vie quotidienne les règles que nos soldats avaient apprises à leurs penseurs. C'est que la France, de par sa situation au seuil de l'Europe, a vue sur toutes les mers & sur toutes les races, & semble désignée par le destin pour comprendre & définir l'harmonie des lois.

Dans les contrées mêmes où notre Code civil ne fut pas enseigné, il servit néanmoins d'exemple. Ainsi que nous avions allié nos coutumes au droit romain, chaque pays allia les siennes au droit français. Et nous avons quelque raison d'être fiers des progrès accomplis par nos rivaux depuis 1804, puisque c'est nous qui les avons inspirés.

L'heure n'est-elle pas venue aujourd'hui, Messieurs, de demander à notre tour des conseils à ces législateurs étrangers qui sont représentés à cette fête par tant de hauts esprits?

Les centenaires sont pour les peuples des occasions de se souvenir & de comparer : on ne peut être rassuré sur sa gloire que lorsqu'on est certain de la mériter encore.

Le Code civil n'a pas tout prévu, il ne pouvait pas tout prévoir. Il serait donc puéril de nier qu'il ait besoin d'une réforme, car le Parlement le réforme tous les jours.

Les écoles ne discutent que sur la méthode à suivre. Croyons-en l'intelligence humaine qui ne saurait comprendre tous les problèmes à la fois & sérions les efforts & les progrès.

Déjà, en modifiant notre Code séculaire, des projets de loi sur les sociétés & les assurances qui se présentent avec l'apparence de véritables Codes spéciaux sont soumis aux délibérations du Parlement pendant que s'achève le Code du travail.

Ainsi les grandes lacunes du Code civil sont près de se combler.

En outre, la jurisprudence révèle au jour le jour les besoins nouveaux de la société, applique la volonté du pays à tous les cas particuliers, découvre des formules nouvelles, & nous offre une source de droit parce qu'elle offre une source de clarté.

Peut-être me sera-t-il permis aussi, ne fût-ce que par respect envers mes prédécesseurs, de rappeler que des renseignements d'un certain prix pour les réformateurs de demain peuvent se rencontrer dans ces circulaires ministérielles que j'ai donné ordre de coordonner & qui souvent précisent la volonté du législateur & l'esprit dans lequel elle est exécutée.

Enfin, je ne remplirais certainement pas mon devoir si je ne rendais ici un hommage particulier à ces professeurs de faculté qui continuent avec éclat la tradition de nos grands jurisconsultes, & qui viennent de donner dans le Livre du Centenaire l'éloquente consultation de la pensée moderne sur le droit civil de la France.

Chaque année, les travaux se multiplient, les projets s'ajoutent aux projets, & les découvertes aux découvertes.

De 1811 à 1900, de la promulgation du Code autrichien à la mise en vigueur du nouveau Code allemand, la plupart des grands pays d'Europe ont repris la suite de notre effort juridique, mis de l'ordre dans l'immense amas des traditions nationales, donné aux transformations économiques du siècle des sanctions légales & rapproché les peuples en simplifiant le droit.

Je demanderai à une grande commission de comparer notre Code civil à ceux des autres peuples, de relever les différences, d'analyser les problèmes nouveaux tels que les législations étrangères les ont compris, d'étudier les solutions qu'ils ont reçues de nos voisins, afin que nous profitions du travail de tous comme tous ont profité du travail des juristes français.

Puissé-je par là contribuer pour ma part à rendre faciles, je ne dis pas la réforme, mais les réformes du Code civil.

Plus le domaine intellectuel de l'humanité s'accroît, plus le développement de l'industrie & de la science diversifie les formes de production & les formes de propriété, plus l'ascension politique du prolétariat tend à faire reconnaître par la société des droits nouveaux & des contrats hier inconnus, & moins l'on peut prétendre enfermer dans un code la puissance mouvante de la vie.

Alors, à quoi bon refaire le nôtre en entier? Il n'a jamais empêché les changements ni paralysé les lois. Il se prête à toutes les innovations & apparaît comme un plan bien conçu où chaque progrès vient naturellement se classer.

C'est la destinée des beaux monuments de pouvoir, selon les époques, abriter des hôtes différents, sans que la calme splendeur de leur ordonnance en soit jamais dérangée.

Si la richesse, jadis attachée à la terre, a pris la mobilité des combinaisons de l'esprit, si les rapports sans cesse plus faciles des hommes entre eux & des nations les unes avec les autres ont fait comprendre à tous la nécessité de la confiance & du crédit, si les risques créés par les machines, si la liberté de penser qui se répand, si la liberté d'association qui naît, si la force ouvrière qui grandit, nécessitent l'extension de nos lois, notre Code civil de 1804 peut encore encadrer ces progrès.

Une seule condition s'impose, c'est de les accomplir avec prudence & esprit de suite. De cette prudence & de cet esprit de suite, nous avons une garantie sûre dans la présence au sommet de la République de l'homme éminent & avisé que je salue ici, & qui sut toujours concilier les exigences de l'ordre avec celles de la vérité.

Nous pouvons donc hâter, sans sursaut, sans violence, la marche de la justice. Nous serons en cela les héritiers légitimes des auteurs du Code civil & les continuateurs de leur œuvre, car si en 1804 il fallait résumer le droit, en 1904 il faut l'élargir.

DISCOURS DE M. BALLOT-BEAUPRÉ

PREMIER PRÉSIDENT DE LA COUR DE CASSATION

Lorsque, par la pensée, on se reporte à cent ans en arrière, on s'explique aisément les témoignages d'admiration & de reconnaissance qui saluèrent l'apparition du Code civil.

En un pays où l'expérience des siècles passés révélait les inconvénients & les dangers d'une loi non écrite & de coutumes souvent si différentes entre elles, le Code établissait l'unité de la législation civile; &, innovant peu, mais conciliant dans une habile mesure avec le droit né de la Révolution les emprunts qu'il faisait aux sources diverses du droit ancien, il formulait, en une série d'articles généralement simples & clairs, les principes qui allaient désormais régir l'état & la capacité des personnes, leurs rapports de famille & leurs biens, sur le territoire entier de la France.

C'était une œuvre nationale, qui, par la suite, devait, rayonnant à travers l'Europe & jusqu'en Amérique, servir de base, ou de guide, à nombre de législations étrangères.

Aujourd'hui, elle est centenaire, toujours vivante, & encore digne d'être admirée!

Mais, comme toute œuvre humaine, elle avait des imperfections, elle avait des lacunes, qu'avec la marche des années les transformations sociales ont rendues plus sensibles, & que, d'ailleurs, avaient prévues ses auteurs mêmes, les savants juristes, qui, sous l'active & glorieuse impulsion du Premier Consul, l'avaient préparée, Portalis, Tronchet, Bigot-Préameneu, Maleville.

Dans leur «Discours Préliminaire», lors de la présentation du projet, ils disaient : c'est un passage bien connu & fréquemment cité, mais je vous demande la permission de le replacer sous vos yeux :

«Nous nous sommes préservés de la dangereuse ambition de vouloir tout régler & tout prévoir... Les besoins de la société sont si variés, la communication des hommes est si active, leurs intérêts si multipliés, leurs rapports si étendus, qu'il est impossible au législateur de pourvoir à tout... D'ailleurs, comment enchaîner l'action du temps? Comment s'opposer au cours des événements ou à la pente insensible des mœurs? Comment connaître & calculer d'avance ce que l'expérience seule peut nous révéler?... Un Code, quelque complet qu'il puisse paraître, n'est pas plus tôt achevé, que mille questions inattendues viennent s'offrir au magistrat. Car les lois, une fois rédgées, demeurent telles qu'elles ont été écrites; les hommes, au contraire, ne se reposent jamais; ils agissent toujours, & ce mouvement, qui ne s'arrête pas & dont les effets sont diversement modifiés par les circonstances, produit à chaque instant quelque résultat nouveau. C'est au magistrat & au jurisconsulte, pénétrés de l'esprit général des lois, à en diriger l'application.»

Donc, Portalis & ses collègues n'entendaient pas régler minutieusement d'avance, en des formules abstraites, tous les cas d'application des principes qu'ils posaient. Non; dans un style concis, mais souple & compréhensif, ils posaient les principes, en abandonnant à la doctrine & à la jurisprudence, le soin de déduire les conséquences pour la solution de toutes les «questions inattendues» qui viendraient à se présenter.

Et, tandis que, soucieux de la séparation des pouvoirs, l'article 5 du Code civil défend aux tribunaux de prononcer par voie de disposition générale & réglementaire sur les causes qui leur sont soumises, l'article 4 déclare qu'ils se rendraient coupables du délit de «déni de justice» s'ils refusaient de statuer sous prétexte de l'obscurité, de l'insuffisance ou du silence de la loi.

La mission que leur réservait ainsi le législateur de 1804 était immense, si l'on songe aux innombrables contestations que, depuis cent ans, la pratique a fait naître.

Cette mission, comment les magistrats français l'ont-ils remplie? Et comment pouvaient-ils, sans empiéter sur les prérogatives du législateur lui-même, non pas seulement appliquer la loi quand elle était obscure, mais la compléter quand elle était insuffisante & la suppléer quand elle leur paraissait muette?

Appelé à l'honneur de prendre devant vous la parole comme représentant de la Cour suprême dans cette solennité, où j'ai le vif regret de ne pas voir près de moi mon collègue M. le procureur général Baudouin, empêché par un deuil cruel, il m'a semblé, Messieurs, qu'il m'appartenait d'exposer, à grands traits, ce que pouvait être légalement, & ce qu'a été, au XIXe siècle, ce rôle, complémentaire, en quelque sorte, de la jurisprudence devenant l'initiatrice de lois nouvelles.

Le sujet est vaste; mais, rassurez-vous, je le parcourrai rapidement; &, puisque, en le traitant, il ne m'est pas possible de prétendre au mérite de la nouveauté, je voudrais du moins avoir à vos yeux celui de la brièveté.

Messieurs, dans de récentes & fort remarquables publications consacrées à l'étude des méthodes d'interprétation du Code civil, on s'est demandé si, pour l'interprète, la loi écrite était, réellement, l'unique source de droit privé, s'il ne fallait pas plutôt en reconnaître d'autres à côté d'elle, principalement la coutume, que la jurisprudence met en lumière. Et l'on s'est prévalu d'un passage du «Discours Préliminaire», où on dit : «A défaut de texte précis sur chaque matière, un usage ancien, constant & bien établi, une suite ininterrompue de décisions semblables, une opinion ou une maxime reçue, tiennent lieu de loi.»

Je n'aborderai pas l'examen de cette controverse, qui intéresse particulièrement la doctrine & qui la divise; je me place à un point de vue exclusivement judiciaire; or, pour le juge, il est incontestable, en l'état de notre organisation actuelle, qu'il n'existe pas, à proprement parler, d'autre source de droit civil que la loi.

En effet, les décisions des tribunaux & des cours d'appel, qui tranchent les questions de fait souverainement, sont, pour les questions de droit, soumises au contrôle de la Cour de cassation instituée dans le but de maintenir l'unité de jurisprudence; mais où serait l'unité, si des règles de droit, purement coutumières, étaient obligatoires à ce titre & si elles étaient, je le suppose, constatées & appliquées en sens contraire par des juridictions différentes? La Cour de cassation ne pourrait pas intervenir comme régulatrice; car, selon les expressions mêmes du législateur, elle ne peut casser que pour «contravention expresse à la loi», & j'ajoute, à la loi *écrite,* puisque le décret du 17 décembre 1790, qui a créé notre compagnie, porte, dans son article 17 toujours en vigueur : «Le dispositif du jugement de cassation contiendra le *texte* de la loi ou des lois sur lesquelles la décision sera appuyée.»

On ne saurait donc invoquer, devant nous, comme «tenant

lieu de loi», ni un «usage», si aucun article ne s'y réfère, ni une «maxime reçue», si aucun article n'en fait l'application, ni une «suite ininterrompue de décisions semblables», puisque la chose jugée n'a d'autorité qu'entre les parties.

Ce qu'a voulu dire Portalis, c'est simplement qu'en fait, dans la pratique, quand un usage est sanctionné par une série de jugements, les particuliers sont naturellement amenés à le prendre pour règle de conduite; & rien n'est en effet plus désirable que la fixité de la jurisprudence; mais, en principe, le juge garde sa liberté dans chaque affaire, & sa sentence, en dehors des questions de fait, ne sera justifiée que si elle peut se rattacher à un texte de loi.

Lorsque le texte, sous une forme impérative, est clair & précis, ne prêtant à aucune équivoque, le juge est obligé de s'incliner & d'obéir; s'il ne le faisait pas, il manquerait à un devoir élémentaire, & de pareils abus, en se généralisant, produiraient une véritable anarchie.

Mais, lorsque le texte présente quelque ambiguïté, lorsque des doutes s'élèvent sur sa signification & sa portée, lorsque, rapproché d'un autre, il peut, dans une certaine mesure, être, ou contredit ou restreint, ou, à l'inverse, développé, j'estime que le juge, alors, a les pouvoirs d'interprétation les plus étendus; il ne doit pas s'attarder à rechercher obstinément quelle a été, il y a cent ans, la pensée des auteurs du Code en rédigeant tel ou tel article; il doit se demander ce qu'elle serait si le même article était aujourd'hui rédigé par eux; il doit se dire qu'en présence de tous les changements qui, depuis un siècle, se sont opérés dans les idées, dans les mœurs, dans les institutions, dans l'état économique & social de la France, la justice & la raison commandent d'adapter libéralement, humainement, le texte aux réalités & aux exigences de la vie moderne.

Pour cette évolution nécessaire, le Code civil est, entre les mains des juristes, un instrument d'une singulière puissance; tantôt il énonce un principe dont on n'a qu'à dégager logiquement les conséquences dans les hypothèses les plus variées; tantôt il donne une solution impliquant l'existence d'un principe que l'on dégage à son tour & auquel on remonte pour en faire découler des conséquences analogues en vue d'hypothèses nouvelles; tantôt, par la combinaison d'articles même séparés & éloignés les uns des autres, il permet d'atténuer les effets rigoureux ou de corriger les imperfections de l'un d'eux.

On a objecté, je le sais, qu'en procédant de la sorte & en attribuant au texte, indépendamment de la pensée qui l'a inspiré, un sens, non pas définitif dès le début, mais évolutif dans la mesure des besoins de la société, l'interprète, non seulement fausse la nature de la loi, mais se laisse inévitablement entraîner dans des raisonnements artificiels & arbitraires; on ajoute que, d'ailleurs, les magistrats seront bien contraints de puiser à d'autres sources de droit dans les cas non prévus pour lesquels il leur sera impossible de découvrir une disposition applicable.

Mais je fais observer, d'une part, que la nécessité d'appuyer sur un texte la décision limite évidemment l'arbitraire & constitue, dès lors, une garantie; d'autre part, que le Code civil renferme un grand nombre de dispositions, assez générales ou assez souples, à mon avis, pour procurer aux tribunaux toujours un moyen de statuer.

Ainsi, — avec l'article 1134 portant que «les conventions légalement formées tiennent lieu de loi à ceux qui les ont faites», — avec l'article 6, qui proscrit les clauses contraires à l'ordre public & aux bonnes mœurs, — avec l'article 1315, imposant le fardeau de la preuve à celui qui se prétend créancier comme au débiteur qui se prétend libéré, — avec les différents articles 548, 555, 1241, 1312, 1375, 1864, 1926, &c., qui contiennent des applications de la célèbre maxime «nul ne peut s'enrichir aux dépens d'autrui», — avec l'article 1382, d'après lequel «tout fait quelconque de l'homme qui cause à autrui un dommage oblige celui par la faute duquel il est arrivé à le réparer», — avec une formule aussi féconde que celle de l'article 2279 : «en fait de meubles, possession vaut titre», — je ne crois vraiment pas que l'on réussisse à imaginer en matière civile une espèce dans laquelle le juge ne puisse, pour la solution du procès, se fonder, sinon sur la lettre même de la loi, au moins (& cela suffit) sur un principe consacré par un texte.

Il serait facile de citer d'autres articles encore; je me borne à en ajouter un, l'article 1121, relatif à la stipulation pour autrui, car il est la base d'une création jurisprudentielle extrêmement intéressante, celle qui concerne le contrat d'assurance sur la vie.

Le Code civil qui, dans l'article 1964, au titre «des contrats aléatoires», vise les assurances maritimes, est absolument muet à l'égard des assurances sur la vie, que prohibait l'ordonnance sur la marine de 1681 (livre III, titre VI, art. 10).

Nul n'ignore quelle importance, toujours croissante, ont prise, au XIXe siècle, ces actes de sage prévoyance, qui peuvent être aussi des moyens de crédit; & les tribunaux, les cours d'appel, la Cour de cassation, saisis de fréquents litiges qui soulevaient les plus sérieuses difficultés, ont dû forcément suppléer au silence de la loi.

Ils ont procédé à l'accomplissement de leur tâche avec des hésitations bien naturelles, d'abord, avec des contradictions, des revirements même; mais ils ont fini par établir un ensemble de règles qui gouvernent aujourd'hui la matière.

De vives controverses ont, notamment, surgi touchant l'assurance en cas de décès, faite au profit de tiers que l'assuré désigne pour en recueillir le bénéfice, par exemple ses enfants ou l'un d'eux, sa femme, un de ses créanciers ou toute autre personne.

Ayant à se prononcer sur la validité, le fonctionnement & les effets de ce contrat si usuel, la jurisprudence s'est inspirée de l'article 1121, qui autorise «la stipulation au profit d'un tiers, lorsque telle est la condition d'une stipulation que l'on fait pour soi-même».

A l'aide de ce texte, elle a édifié tout un système juridique qu'il serait trop long d'exposer ici & que reproduit presque en entier le projet de loi présenté à la Chambre des députés, le 12 juillet dernier.

Il est un autre contrat que le législateur de 1804 connaissait, mais qu'il s'est abstenu d'organiser, même pour les parties essentielles rentrant dans le domaine du droit privé : je veux parler du contrat de travail.

Cette omission nous frappe, aujourd'hui, d'autant plus que, depuis un siècle, l'industrie, avec ses progrès incessants, avec les perfectionnements de son outillage mécanique, a reçu un immense développement. Les rédacteurs du Code ne pouvaient se douter qu'il en serait ainsi; & c'est peut-être ce qui explique jusqu'à un certain point pourquoi ils se sont occupés si peu de la classe ouvrière. Quoi qu'il en soit, dans le chapitre «du louage d'ouvrage & d'industrie», la première section, intitulée «du louage des domestiques & ouvriers», contient purement & simplement deux articles : l'un, article 1781, qui a été abrogé en 1868, obligeait le juge à croire le maître sur son affirmation pour la quotité des gages & le payement du salaire de l'année échue; l'autre, l'article 1780, se réduisait à l'énoncé de cette règle : «On ne peut engager ses services qu'à temps ou pour une entreprise déterminée»; voilà tout! Mais, s'il est défendu d'aliéner sa liberté en s'engageant pour la vie entière, il est du moins licite de louer ses services sans détermination de durée, &, dans ce cas, chacune des parties est libre de résilier le contrat par sa seule volonté. Or, une résiliation brusque, intempestive, sera de nature à occasionner un préjudice : l'ouvrier ou le patron qui en sera victime aura-t-il une action en indemnité? La question s'était maintes fois posée dans la pratique & elle était délicate; car, en principe, on n'est point passible de dommages-intérêts quand on n'a fait qu'user de son droit. Mais la jurisprudence, s'appropriant une théorie qu'elle tend à appliquer maintenant dans des hypothèses très diverses, en dehors même de la matière des contrats & grâce à l'article 1382, lorsque le droit individuel est en conflit avec un devoir moral, — je fais allusion à la théorie de «l'abus du droit», — la jurisprudence a pensé que l'exercice du droit de résiliation pouvait dégénérer en abus & constituer une faute, &, dès 1859, la Cour de cassation jugeait que «la résiliation ne peut être faite à contre-temps, d'une manière préjudiciable à l'intérêt de l'une des parties; que les tribunaux peuvent, d'après les circonstances, la nature des services engagés, les habitudes professionnelles des contractants, les conditions nécessaires de leur industrie», accorder une indemnité «quand la convention a été trop brusquement abandonnée».

Cette décision précédait de plus de trente ans la loi qui, le 27 décembre 1890, ajoutant à l'article 1780 un paragraphe nouveau, a déclaré que «la résiliation du contrat par un seul des contractants *peut* donner lieu à des dommages-intérêts», que «l'on ne peut renoncer d'avance au droit éventuel d'en demander», & que, «pour la fixation des dommages-intérêts *à allouer le cas échéant,* il est tenu compte des usages, de la nature des services engagés, du temps écoulé, &c.».

Les tribunaux ont, à un autre point de vue, préparé l'œuvre du législateur dans l'intérêt des ouvriers, & aussi, de tous les employés qui touchent des appointements modestes.

Le Code civil laissait sous l'empire du droit commun les salaires des ouvriers : — tandis que, d'un côté, l'article 2101 accorde aux domestiques un privilège général pour le payement de leurs gages, — tandis que, d'un autre côté, la loi du 21 ventôse an IX n'autorise que partiellement la saisie-arrêt sur les traitements des employés de l'État, — les ouvriers, qui ne sont pas privilégiés comme les domestiques, étaient exposés, comme ceux-ci & comme tous les employés des particuliers, à voir leurs salaires intégralement saisis par leurs créanciers; ils n'avaient que la ressource de demander à la justice (article 1244) des «délais modérés» pour acquitter leurs dettes.

Cet état de choses avait ému les jurisconsultes & les publicistes; pour y remédier, la Cour de cassation, par une interprétation libérale d'une disposition du Code de procédure, l'article 581, qui déclare insaisissables «*les sommes & pensions pour aliments*», a reconnu aux juges, en 1860, le pouvoir d'apprécier si les traitements & salaires, «en raison de leur nature & de la position du débiteur, doivent être considérés comme *alimentaires* & être, à ce titre, affranchis, soit pour partie, soit *même pour le tout,* des effets de la saisie». Cette pratique devançait la loi du 12 janvier 1895, qui l'a régularisée, en édictant, jusqu'à concurrence des neuf dixièmes, l'insaisissabilité des salaires ou des gages, & celle des traitements ne dépassant pas 2,000 francs par an.

Mais le contrat de travail donne naissance à des contestations bien plus graves, dont la solution, dans le silence du Code, ne pouvait encore être fournie que par les principes du droit commun.

En thèse générale, celui qui, victime d'un accident, veut en rendre responsable une autre personne, est obligé de prouver, contre la partie adverse, l'existence d'une faute qui aurait été la cause immédiate & directe du dommage subi. C'est la règle de l'article 1382.

Or, la preuve, plus ou moins dispendieuse, est souvent difficile à administrer; l'accident peut, d'ailleurs, provenir, soit d'un fait inconnu, soit d'un cas fortuit ou de force majeure, soit d'une imprudence de la victime elle-même.

Mais, au fur & à mesure que s'opéraient les transformations de toute sorte, introduites dans l'industrie moderne, — en réfléchissant à ce que peuvent présenter de périlleux par elles-mêmes des exploitations où l'on emploie un outillage à moteurs mécaniques, celles où l'on fabrique, celles où l'on met en œuvre des matières explosibles, — on a compris que le droit commun ne suffisait pas pour régir équitablement les rapports des ouvriers avec les patrons. Les ouvriers travaillent dans l'usine que le patron a aménagée, avec les outils & les machines qu'il a choisis & installés; ils sont en butte à des dangers avec lesquels tout naturellement ils se familiarisent; peu à peu ils s'habituent à ne pas prendre les précautions indispensables; & un accident arrive. Il y a là des risques inhérents à la profession; & l'on a soutenu que le chef d'entreprise devrait, dans une mesure à déterminer, en supporter les conséquences sur les frais généraux, puisqu'il bénéficie du surcroît de production que lui donne l'emploi des machines mêmes.

Mais la théorie du risque professionnel, le législateur seul pouvait l'imposer à la pratique. En attendant, qu'a fait la jurisprudence? Pour des motifs de droit sur lesquels il serait sans intérêt de revenir aujourd'hui, la Cour de cassation avait décidé que l'ouvrier, demandeur en indemnité, devait se placer sur le terrain de l'article 1382, c'est-à-dire prouver, & une faute imputable au patron, & une relation de cause à effet entre la faute & le préjudice allégué; mais — dans les dernières années surtout — elle a montré une tendance, de plus en plus accentuée, à admettre facilement cette double condition comme remplie. Et, en 1896, elle est allée plus loin : se fondant sur l'article 1384, selon lequel on répond du «dommage qu'on cause par le fait des choses qu'on a sous sa garde», elle a déclaré justifiée la condamnation prononcée contre un patron, par cela seul que l'explosion de chaudière, cause de l'accident, était due à un vice de construction «sans qu'il pût se soustraire à cette responsabilité en prouvant, soit la faute du constructeur de la machine, soit le caractère occulte du vice incriminé».

C'était le dernier terme de l'évolution; & il ne restait plus qu'à consacrer législativement la théorie du risque professionnel.

C'est ce qu'a fait le Parlement le 9 avril 1898.

Mais voyez comme Portalis avait raison de dire : «Il est impossible au législateur de pourvoir à tout... Un Code, quelque complet qu'il puisse paraître, n'est pas plus tôt achevé, que mille questions inattendues viennent s'offrir au magistrat».

Certes, si une loi a été l'objet, à la Chambre & au Sénat, de discussions sérieuses, approfondies, réitérées, c'est bien celle du 9 avril 1898, dont l'élaboration a duré dix-huit ans.

Mais son application a suscité une très grande quantité de procès à tous les degrés de juridiction; le Parlement lui-même est intervenu déjà en 1902 pour la modifier, & peut-être aura-t-il à la modifier encore ou à la compléter.

Quoi qu'on fasse, soyez convaincus que le rôle de la jurisprudence n'est pas terminé.

Je viens de m'expliquer, Messieurs, sur ce rôle, tel qu'il apparaît en des matières non réglementées spécialement par le Code civil.

Mais bien plus nombreuses sont celles où il s'est affirmé progressivement dans un sens que l'interprétation littérale des textes ne semblait pas d'abord comporter.

L'énumération en serait longue; je citerai, très sommairement, quelques exemples :

La jurisprudence a réalisé les progrès dont je parle, soit en réagissant contre les prescriptions motivées par d'anciens abus ou inspirées par de vieilles traditions, soit en développant les dispositions mêmes de la loi.

Elle a réagi contre la portée trop générale de l'article 896 — qui prohibe les substitutions — lorsqu'elle a, en vertu des articles 1040 & 1041, donné effet à des combinaisons de legs conditionnels alternatifs, ne présentant pas les dangers qu'avait redoutés le législateur.

De même, malgré l'article 900, qui répute non écrite la condition impossible ou illicite insérée dans une donation, elle a, par des considérations d'équité, en invoquant l'article 1131, prononcé la nullité de la donation elle-même, lorsque la condition impossible ou illicite en a été la «cause impulsive & déterminante».

Malgré le formalisme des articles 931 & 932, qui assujettissent les libéralités entre vifs à la règle de la solennité, elle a, dans l'intérêt des tiers, en recourant aux articles 911 et 918, validé les libéralités déguisées sous l'apparence de contrats à titre onéreux lorsqu'elles ne sont pas faites à des incapables.

Malgré les articles 372 & suivants, qui, ne prévoyant aucun cas de déchéance contre des parents indignes, établissent en termes absolus la puissance paternelle, elle a contrôlé l'exercice de celle-ci & s'est appuyée sur l'article 444 pour en limiter l'étendue, avant la loi du 24 juillet 1889 qui, maintenant, assure d'une manière efficace la protection de l'enfant.

Enfin, malgré l'article 340 qui interdit la recherche de la paternité, elle a, au moyen de l'article 1382, dans un intérêt de justice & de moralité publiques, permis à la fille séduite & devenue mère d'intenter contre celui qui l'a abandonnée une action en indemnité, lorsque la séduction a été déterminée par des manœuvres dolosives, ou par une promesse de mariage, lorsque, en un mot (comme l'indique un arrêt de 1862), dans la faute commune la part de l'un & de l'autre est inégale, la femme pouvant, à raison des circonstances, être considérée bien moins comme une complice que comme une victime!

Il est, au contraire, des cas également nombreux, où la jurisprudence, au lieu de restreindre l'application des textes, l'a développée par une interprétation extensive.

Pour ne pas abuser de votre bienveillante attention, je ne ferai à cet égard qu'une seule citation, mais elle est bien significative :

Au titre «du contrat de mariage», dans le chapitre «du régime dotal», le Code civil ne parle de l'inaliénabilité que pour les immeubles constitués en dot.

La refuse-t-il à la dot mobilière?

On devrait répondre affirmativement, si l'on se décidait d'après les idées que ses rédacteurs avaient, ou paraissaient avoir, en 1804, & non d'après celles qu'ils auraient en organisant aujourd'hui le régime dotal, à une époque où la fortune mobilière s'est accrue dans de telles proportions.

Interprétant, de la façon la plus large assurément, les articles 1541, 1550, 1553 & 1554 combinés entre eux, pour donner une satisfaction légitime aux sollicitations de la pratique, un arrêt des Chambres réunies, qui remonte au 26 novembre 1846, a étendu à la dot mobilière le principe de l'inaliénabilité.

La thèse était hardie & elle a été vivement combattue; mais une jurisprudence constante l'a définitivement consacrée, en ce sens, notamment, que, pendant le mariage, la femme dotale ne peut, par renonciation, cession ou subrogation, se dépouiller de l'hypothèque légale garantissant sa créance de reprises, & que, même après le mariage, la dot ne peut être saisie pour l'exécution d'engagements contractés avant la dissolution.

De ce système, la jurisprudence a ensuite tiré une conséquence, non moins hardie, en appliquant ce qu'on appelle «théorie de la dot renfermée», suivant laquelle l'immeuble acquis au nom de la femme avec des deniers dotaux, bien que n'étant pas dotal si la condition d'emploi n'a pas été stipulée dans les conventions matrimoniales (art. 1553), bien qu'étant dès lors paraphernal &, partant, aliénable, doit cependant répondre de la valeur dotale indisponible qu'il représente, qu'il «renferme» en lui, & qui s'incorpore à lui, de telle sorte qu'il reste grevé de la créance de la femme comme il serait grevé de l'hypothèque légale s'il était la propriété du mari.

M. le professeur Labbé disait que «cette extension à la dot mobilière du principe & de quelques-uns des effets de l'inaliénabilité est le plus remarquable exemple de hardiesse judicieuse que la Cour de cassation ait donné comme exerçant son pouvoir d'interprétation».

Je n'insiste pas davantage, Messieurs, car, dans cette étude, nécessairement abrégée & superficielle, j'ai simplement voulu montrer, d'une manière générale, par quels procédés & dans quel esprit les tribunaux se sont efforcés de résoudre, en définitive, les difficultés de natures diverses, auxquelles donnait lieu, avec le temps, l'application du Code de 1804.

Et, puisque j'ai prononcé le nom de M. Labbé, je saisis cette occasion de rendre à la mémoire du savant jurisconsulte un légitime hommage, en rappelant combien, par ses travaux critiques & ses magistrales annotations publiées dans les revues & les recueils d'arrêts, combien aussi par son exemple, que d'autres ont heureusement suivi, il a aidé aux progrès de cette jurisprudence, que, dans le cours du siècle dernier, plusieurs générations de praticiens, — notaires, avoués, avocats, magistrats, — ont, avec le concours de la doctrine, contribué à former.

Œuvre considérable, Messieurs! Œuvre imposante & féconde, qui sans doute a, elle aussi, ses imperfections & ses lacunes! Nos successeurs viendront l'améliorer à leur tour.

En y travaillant après ceux qui nous ont précédés, nous avons eu, comme eux, l'ambition de faire, pour la bonne administration de la justice & dans l'intérêt de tous, ce qu'attendaient de nous les auteurs mêmes de ce Code, dont le Gouvernement de la République célèbre aujourd'hui le Centenaire.

DISCOURS DE M. GLASSON

DOYEN DE LA FACULTÉ DE DROIT

DE L'UNIVERSITÉ DE PARIS, MEMBRE DE L'INSTITUT

L'histoire impartiale ne manquera pas de reconnaître que le Code civil du Consulat doit occuper la première place parmi les lois françaises du xixe siècle. Avec lui s'est enfin achevée cette œuvre de codification & d'unification commencée par les ordonnances de Louis XIV. Il a été le point de départ d'un mouvement législatif analogue dans un grand nombre de pays étrangers où parfois les législateurs se sont inspirés directement du droit français; d'autres fois ils ont préféré donner à leurs Codes des caractères originaux & distinctifs sous des formes très diverses, notamment sous celle de loi populaire ou, tout au contraire, sous celle de loi savante & scientifique.

Bien différents sont les caractères du Code civil. Il émane de jurisconsultes rompus au maniement des affaires. Ses auteurs se gardent de se livrer à la recherche d'une méthode & d'un plan nouveaux. Ils adoptent tout simplement les divisions & l'ordre suivis par les jurisconsultes romains, par Justinien dans ses *Institutes,* qui les avait empruntés aux *Commentaires* de Gaïus. Mais pour le fond, ils sont bien de leur temps & s'inspirent exclusivement de l'esprit & du génie du peuple français.

A certaines époques, une sorte de courant nouveau d'idées généreuses dû à l'esprit de justice & de progrès se produit dans une nation, s'imposant avec une force irrésistible à tous les partis. Les lois de la Révolution avaient affranchi les hommes & la terre, donné à tous la liberté & l'égalité. Publicistes, hommes d'État, philosophes considéraient la terre comme la principale source de la richesse, & les plus aventureux dans la voie de l'égalité sociale allaient jusqu'à demander au législateur d'assurer à chaque citoyen la possession d'une parcelle de terre de quantité suffisante pour sa subsistance & pour celle de sa famille. C'était l'idéal rêvé par les Jacobins & aussi par les Girondins qui, sur un certain nombre de questions sociales, comme nous le dirions aujourd'hui, ne différaient pas des premiers ni de la majorité de la Convention aussi sensiblement qu'on l'a parfois prétendu. Les rédacteurs du Code civil, sans se laisser égarer par les utopies, suivent le courant de leur époque.

Ainsi s'expliquent les dispositions qui favorisent le partage & le morcellement des héritages, une certaine indifférence pour la richesse mobilière, un oubli complet des lois du travail. Telles institutions qui se sont développées avec une véritable puissance dans le courant du siècle sont complètement passées sous silence. Œuvre des hommes, notre Code civil n'a sans doute pas atteint cette perfection idéale qui n'est pas l'apanage du législateur humain. Mais malgré ses lacunes & certaines dispositions surannées, l'ensemble du monument n'en reste pas moins grandiose par l'harmonie de ses proportions, par les bases éternellement justes sur lesquelles il repose &, par-dessus tout, par la connaissance pratique des rapports de l'homme en société; c'est le Code du bon sens & de l'équité. Introduit dans d'autres pays par la force des armes, il s'y est maintenu par la force de la raison. Comme la rédaction des Coutumes au XVIe siècle, la confection du Code civil a ouvert une ère nouvelle & féconde dans l'évolution de notre droit.

Au XVIe siècle, les rédacteurs des Coutumes officielles avaient fixé définitivement des usages incertains, causes de fréquents procès. Ces coutumes officielles, loin d'établir l'unité, maintenaient la diversité dans le droit privé. Elles étaient l'œuvre commune du clergé, de la noblesse & du tiers état, & chacun des trois ordres avait défendu avec acharnement ses intérêts & ses privilèges. Le Code civil rédigé par des hommes qui appartenaient tous au tiers état a été préparé dans un tout autre esprit : il a organisé la famille & la propriété sur la double base de l'égalité & de la liberté sans tenir aucun compte des distinctions de naissance ou autres, & c'est en ce sens qu'on a pu dire qu'il est un Code vraiment bourgeois.

Ce Code a, le premier, réalisé cette unité du droit privé qui était depuis des siècles dans les vœux de la monarchie & qu'elle n'avait pourtant pas pu établir malgré sa puissance absolue. Nous savons, par notre expérience & par celle des autres peuples, ce qu'il en coûte d'efforts pour obtenir cette harmonieuse unité. Les imperfections & les lacunes sont choses secondaires que répareront la doctrine & la jurisprudence.

L'œuvre du Code civil, en effet, a été continuée par les tribunaux & par les Facultés. Il ne m'appartient pas de vous faire connaître le rôle des tribunaux au XIXe siècle au point de vue du développement de la science juridique. Je ne veux pourtant pas laisser échapper l'occasion de constater que si la jurisprudence & la doctrine s'éloignent parfois l'une de l'autre à raison de la différence des points de vue auxquels elles se placent, cependant elles tendent, surtout de nos jours, à réaliser une heureuse harmonie dans leurs doctrines & dans leurs applications.

Ce que je dois surtout rappeler, c'est l'influence du Code civil sur l'enseignement du droit. On peut la résumer en deux mots & en disant que la promulgation du Code a été le signal d'une véritable renaissance des études juridiques en France. Lorsque les anciennes Universités furent supprimées, elles étaient entrées depuis un certain temps déjà dans une période de complète décadence. L'enseignement donné en latin se limitait presque exclusivement au droit romain & au droit canonique. Il n'existait dans la plupart des Facultés qu'une seule chaire de droit français dont le professeur était autorisé à faire usage de la langue maternelle. Aussi les Universités ne prirent aucune part à la préparation du grand drame de la Révolution. Elles disparurent avec toutes les institutions de l'ancien régime &, lorsqu'on organisa les écoles centrales, on se contenta de doter quelques-unes d'entre elles d'une chaire de droit français. Le professeur devait s'en tenir à des notions élémentaires & purement pratiques sur l'ensemble du droit.

A vrai dire, l'enseignement de la science du droit avait disparu. Après la mise en vigueur du Code civil, on comprit qu'un enseignement nouveau & vraiment scientifique s'imposait pour former des hommes de droit, magistrats, avocats ou autres auxiliaires de la justice. Aussi, peu de temps après la promulgation du Code, les Écoles de droit furent successivement rétablies & réorganisées. L'enseignement du Code civil fut réparti entre les trois années de licence. Mais les autres parties du droit privé & du droit public étaient manifestement sacrifiées ou même complètement oubliées. Comme on ignorait quel pourrait être l'esprit des nouvelles écoles, on avait soin de ne pas leur confier l'instruction politique des générations futures. Le gouvernement prenait même certaines mesures de méfiance à l'égard des professeurs : il les obligeait à dicter les résumés de leurs leçons & à donner au préalable communication de leurs textes aux inspecteurs généraux. Je m'empresse d'ajouter que la plupart des professeurs refusèrent de se soumettre à cette injonction. Les uns en donnèrent pour raison que les inspecteurs généraux pourraient se permettre de s'approprier le bien d'autrui. Les autres, se plaçant à un point de vue plus élevé & plus désintéressé, refusèrent au nom de leur dignité & de l'indépendance qui doit appartenir à tout membre de l'Université. Ces résistances obtinrent un plein succès, & dans la suite l'enseignement du droit & la liberté des professeurs ne cessèrent de réaliser de nouveaux progrès.

Ce n'est pas ici le moment de vous présenter le tableau du développement de l'enseignement du droit dans les Facultés au XIXe siècle. Je ne pourrais que répéter que ce que j'ai déjà dit précédemment dans une autre enceinte. Il ne m'est pas non plus possible d'entrer dans les détails de l'enseignement du Code civil. Un cours de droit est une production de l'esprit essentiellement personnelle. Le professeur prépare des élèves aux carrières judiciaires ou administratives, forme même parfois des disciples d'après sa méthode & selon la nature de son esprit. Tout ce qu'on peut dire, c'est que pendant le XIXe siècle les tendances de l'enseignement ont toujours été libérales. Se plaçant au-dessus des passions & des intérêts des partis, les professeurs se sont attachés à former des jurisconsultes pénétrés à la fois de l'amour du droit & de l'équité; car le droit sans équité paraîtrait parfois trop dur, & il importe qu'une législation faite pour les hommes soit humaine; l'équité sans le droit pourrait conduire à l'arbitraire.

Les professeurs n'ont pas ménagé leurs critiques à la loi ni même à la jurisprudence sans jamais oublier le respect qui est dû à l'une & à l'autre. Les uns l'ont fait sous une forme familière & au nom du bon sens; les autres ont parlé un langage plus austère, se plaçant exclusivement sur le terrain de la science, de la logique & du raisonnement. A Paris, les cours de Bugnet & de Valette sont restés dans les souvenirs de ceux qui les ont suivis, & qui sont aujourd'hui bien peu nombreux. La génération actuelle a été formée par d'autres maîtres dont quelques-uns sont déjà descendus dans la tombe, mais dont le souvenir est resté présent à l'esprit de tous ceux qui m'écoutent en ce moment.

Il est plus facile de suivre le développement de la doctrine dans les ouvrages publiés par les professeurs des Facultés ou par les jurisconsultes appartenant à la magistrature & au barreau. Presque tous ceux qui ont consacré leur vie scientifique à l'étude ou à l'enseignement du Code civil ont d'abord formé une sorte d'école qu'on pourrait appeler l'école de l'exégèse. Ce sont avant tout des commentateurs du Code civil, pleins de déférence pour son texte, suivant sa méthode pas à pas, article par article, s'inspirant sans cesse de ses intentions. Je me garderai de vous parler des avantages & des défauts de cette méthode. Je me permettrai seulement de dire qu'à mon avis, du moins, si l'on en abuse & si l'on s'en tient strictement à son application, le droit cesse d'être une science pour devenir un art, l'art d'interpréter les lois. Il faut rendre cette justice aux jurisconsultes qui ont les premiers écrit sur le Code civil, qu'ils semblent avoir aperçu ce danger. Ils se sont attachés à composer des traités d'un caractère vraiment scientifique, & la tâche était tout particulièrement difficile dans ces premiers temps. On manquait à la fois de matériaux & de guide; la jurisprudence n'existait pas encore. On tirait surtout parti des travaux préparatoires du Code civil & des ouvrages des jurisconsultes du XVIIIe siècle, notamment de ceux de Pothier, dont s'était souvent inspiré le législateur du Consulat. C'est ce qu'a fait notamment Malleville dans son ouvrage beaucoup trop oublié aujourd'hui & qui pourrait encore éclaircir certaines controverses, car Malleville avait été un des commissaires chargés de préparer la rédaction du Code, & il a dû par cela même, mieux que tout autre, comprendre le sens & la portée de ses dispositions.

Dès ces premiers temps, les jurisconsultes vraiment dignes de ce nom ont compris qu'il fallait s'élever au-dessus du commentaire sec, aride & froid des textes de lois en s'aidant de l'histoire & de la philosophie. Ceux qui n'ont pas su se mettre à cette hauteur sont déjà tombés dans l'oubli. Quant aux autres, leur nom restera gravé dans l'histoire de la jurisprudence.

Elle rendra justice à ces premiers civilistes; elle rappellera les difficultés qu'ils ont dû vaincre; elle devra constater aussi que leurs écrits témoignent d'un véritable respect pour la loi, & en même temps d'un certain esprit d'indépendance. Ils soumettent leurs doctrines aux textes législatifs, mais ils se permettent en même temps de les juger. Comme exemple de cette indépendance, on peut rappeler le discours que prononça le professeur Toullier, de la Faculté de Rennes, dans la séance solennelle d'ouverture de cette Faculté, le 18 mars 1806, peu de temps après la victoire d'Austerlitz & la signature de la paix de Presbourg : «Pour être vraiment grand, dit-il, ce n'est pas tout d'avoir étonné le monde par des exploits guerriers, vaincu les nations & changé la face des empires. Les guerriers & les conquérants n'ont été souvent que le fléau du genre humain lorsqu'il leur a manqué les vertus nécessaires pour faire le bonheur des hommes, & leurs noms ne sont passés à la postérité que chargés de malédictions, tandis que ceux des législateurs sages & pacifiques n'ont jamais été répétés de siècle en siècle qu'avec attendrissement, respect & vénération. La gloire solide, la seule véritable gloire est de rendre les peuples heureux, & le bonheur des peuples dépend essentiellement d'une bonne législation.»

Toullier avait aussi compris qu'on mutilait la science du droit en l'enfermant dans le domaine du Code civil; il avait placé, en tête de son ouvrage, un exposé sommaire du droit public & du droit constitutionnel. Il n'y ménageait pas ses critiques pour tout ce qui lui paraissait arbitraire. Mais la censure ombrageuse du premier Empire imposa la suppression de ces passages & le

Gouvernement, froissé de ces hardiesses, se refusa, malgré le vœu unanime de la Faculté, à confier le décanat à un professeur aussi indépendant. Toullier ne s'en émut pas, &, tout en rendant pleine justice au Code civil, il en relève déjà certaines imperfections & songe à une révision prochaine. «Je tâche, écrivait-il à Lanjuinais, d'élever un monument au Code. J'unis toujours la théorie à la pratique & j'essaye aussi de préparer les matériaux d'une révision si souvent annoncée par M. Malleville, en relevant avec respect les imperfections d'un travail qui n'a pas été fondu d'un seul jet.»

Bien qu'il soit parvenu aux dernières limites de la vieillesse & qu'il ait fait paraître quinze volumes, Toullier est mort sans avoir pu réaliser son vœu ni terminer son traité. Tel a été aussi, dans la suite, le sort de la plupart de ceux qui ont eu le courage de consacrer une vie entière de méditations & d'études à l'ensemble du Code civil ou à quelques-unes de ses parties les plus importantes. Bien rares sont ceux qui ont eu la bonne fortune, comme Delvincourt & Duranton en France & Laurent en Belgique, de terminer leur œuvre. Quelques-uns moins favorisés ont cependant laissé des continuateurs qui ont terminé leurs ouvrages. Celui de Toullier a été repris par Duvergier & par Troplong; celui de Proudhon par Valette; celui de Marcadé par Paul Pont; celui de Demante par Colmet de Santerre; en dernier lieu, celui de Demolombe par Guillouard. D'autres, moins heureux encore, n'ont pas laissé d'héritiers juridiques & leurs livres sont tombés dans un oubli immérité. Le Code civil, comme on le voit, semblable aux montagnes les plus élevées, n'a été accessible jusqu'à son sommet qu'à un très petit nombre de travailleurs.

Bien des jurisconsultes se sont rendu compte de cette difficulté & ont limité leurs efforts à une matière déterminée. Proudhon, doyen de la Faculté de Dijon, s'était d'abord proposé d'écrire un traité complet; mais, arrivé au titre de l'usufruit, il comprit qu'il n'y parviendrait pas. Il se concentra alors sur ce titre du Code civil & étudia ses dispositions avec une merveilleuse pénétration, qui lui valut d'être placé au premier rang parmi les jurisconsultes du dernier siècle. Valette s'essaya à une autre méthode : il soutenait & voulait prouver que le moyen le plus sûr de faire connaître l'ensemble du Code civil était de s'en tenir à un traité élémentaire, précis & clair pour le fond, simple, mais soigné pour la forme. Malgré ses efforts, il n'est pas pourtant parvenu non plus à terminer son œuvre. Il a repris jusqu'à trois fois le premier livre du Code civil, d'abord comme continuateur de Proudhon, puis en son nom personnel. Mais il n'est jamais arrivé à en dépasser les limites. Fort mécontent du succès qu'obtenaient les ouvrages de Troplong, & dans le but d'en combattre l'influence, il entreprit d'écrire un traité des privilèges & hypothèques. Mais, sur ces entrefaites, survint la loi du 23 mars 1855. Cette loi, votée après une discussion trop rapide & tout à fait superficielle, avait moins pour objet direct d'améliorer le régime de la propriété immobilière que de favoriser les sociétés de crédit foncier dont on venait de décider la création, notamment à Paris, dans le but de développer l'industrie du bâtiment. Valette, indigné des imperfections de cette loi, brisa sa plume, & le traité des privilèges & des hypothèques resta à son tour inachevé. Le doyen de la Faculté de droit de Paris, M. Blondeau, avait été quelque temps auparavant frappé des difficultés que rencontraient les jurisconsultes à terminer un ouvrage de quelque importance sur le Code civil. Il imagina un procédé nouveau qu'on ne saurait recommander, mais qu'il est permis de rappeler, en raison de son originalité & d'après une tradition de l'École dont je ne garantis pas l'exactitude; c'était de commencer par la fin & de finir par le commencement. Demandez dans une bibliothèque de jurisprudence le traité de Blondeau sur la *Séparation des patrimoines,* ouvrez-le & vous constaterez qu'il commence à la page 473. L'auteur devait publier ensuite les quatre cent soixante-douze premières pages qui auraient été consacrées à une partie de la théorie des privilèges & hypothèques, mais il ne l'a pas fait. Blondeau n'a donc pas été plus heureux qu'un grand nombre de ses contemporains, car s'il a pu finir son livre, c'est à condition de ne l'avoir pas commencé.

Le temps ne me permet pas d'apprécier ici avec tous les détails nécessaires ces grandes œuvres complètes ou incomplètes écrites au XIXe siècle sur le droit privé. Les noms de Delvincourt, Merlin, Toullier, Proudhon pour les premiers temps; ceux de Duranton, Demante, Troplong pour le milieu du siècle; en dernier lieu, ceux de Valette, Colmet de Santerre, Demolombe sont l'honneur de la science française. Tous ces jurisconsultes sont, avec des nuances plus ou moins accentuées & sauf exception pour Merlin, avant tout des commentateurs du Code civil, appartenant à l'école exégétique, pénétrés du même esprit que Toullier, respectant scrupuleusement la loi, mais s'élevant aussi au-dessus de son texte par l'étude de la philosophie & de l'histoire.

L'école synthétique a réuni moins d'adhérents, mais elle a peut-être obtenu un succès plus éclatant & surtout plus durable, grâce au talent & à la science de ses deux représentants les plus illustres, Aubry & Rau, longtemps professeurs à la Faculté de Strasbourg, en dernier lieu tous deux conseillers à la Cour de cassation. Le plan de leur ouvrage a été souvent approuvé & même admiré. Il ne faut cependant pas oublier qu'il a été emprunté à un jurisconsulte allemand, Zachariæ, lequel, à son tour, s'était tout simplement inspiré de la méthode générale adoptée dans les Universités de son pays pour les ouvrages & les cours de Pandectes, c'est-à-dire de droit romain dans ses applications actuelles avant la promulgation du nouveau Code civil.

Ce qui est vraiment remarquable dans l'ouvrage d'Aubry & Rau, c'est l'art avec lequel ils ont brisé l'ordre suivi par le Code civil pour faire rentrer toutes ses dispositions dans des divisions plus logiques & par cela même d'un caractère plus scientifique; c'est un style d'une grande austérité & tel qu'il convient à la science un peu sévère du droit; c'est la place considérable faite à la jurisprudence, discutée avec un esprit judicieux & pénétrant; c'est le soin avec lequel les solutions données dans le texte sont séparées des controverses exposées dans les notes; c'est la connaissance solide du droit romain & de l'ancien droit. Le succès de cet ouvrage n'a pas cessé de croître & il est permis d'ajouter qu'il a contribué à ouvrir la voie nouvelle dans laquelle est tout récemment entré l'enseignement du droit privé.

Cette troisième école est née d'hier; il n'est donc pas encore permis de la juger définitivement. Nous nous bornerons à la saluer avec sympathie comme le mérite toute tentative de progrès; elle commence à être connue par plusieurs publications de premier ordre & par quelques cours de Faculté. Cette nouvelle école est nettement plus hardie & plus indépendante que ses devancières; elle attribue aux jurisconsultes un rôle plus haut & plus puissant que celui de l'interprète; elle veut que le droit contracte des alliances étroites non plus seulement avec l'histoire & la philosophie, mais avec toutes les sciences sociales. Rien n'échappe à ses investigations, ni les législations étrangères, ni les questions de l'ordre économique ou politique; en un mot, elle veut faire du droit une science d'observation. Le Code civil ne disparaît pas dans ce vaste ensemble de connaissances qu'on impose aux jurisconsultes; on continue à lui réserver une place prépondérante mais non plus exclusive. D'ailleurs le temps a marché, des besoins nouveaux ont apparu auxquels on a dû donner satisfaction.

La jurisprudence elle-même s'est émancipée &, empruntant au préteur romain des procédés qui lui étaient familiers, elle a complété ou même parfois modifié le Code civil. La doctrine ne pouvait rester en arrière; elle devait même aller plus loin. Certains jurisconsultes en sont arrivés à considérer la coutume comme une sorte de droit qu'il faut placer à côté de la loi écrite. On a même essayé d'attribuer une certaine force obligatoire aux opinions des jurisconsultes, d'ailleurs sous des conditions assez rigoureuses. Nos prédécesseurs, respectueux de la loi, lui soumettaient leurs doctrines. Plusieurs contemporains, plus audacieux, ne sont pas éloignés d'assujettir à leurs doctrines la loi elle-même. Ils ont rencontré de sérieuses résistances auxquelles ils devaient s'attendre, la lutte est engagée & le moment n'est pas encore venu d'en connaître les résultats. J'aime mieux en terminant convier tous les hommes de science & de pratique, amis du bien, pénétrés de l'esprit de justice, désireux d'assurer la paix sociale, à une autre œuvre déjà commencée mais non achevée & qui pour être menée à bonne fin demande autant d'activité que de dévouement.

On a vu de notre temps surgir tout un peuple nouveau, celui des travailleurs. Les lois de la Révolution avaient supprimé les anciennes corporations. Puis, les interminables guerres de la République & de l'Empire avaient suspendu le commerce & l'industrie; les hommes étaient aux armées & non dans les ateliers. La paix rétablie, le travail reparut; les rapports entre patrons & ouvriers se multiplièrent, se compliquèrent, se transformèrent. On repoussait désormais le patronage pour se placer exclusivement sur le terrain du droit. Mais où se trouvait ce droit des travailleurs? On l'aurait en vain cherché dans le Code civil. Une législation nouvelle s'imposait; on s'est mis à la tâche, tâche particulièrement lourde & difficile.

Dans la lutte pour la vie, l'enjeu n'a jamais été aussi formidable : il y va de la fortune publique, de la liberté des citoyens, du progrès de l'humanité. Il nous faut un second Code. Il a déjà été préparé en partie par un certain nombre de lois. Ce Code du travail doit être inspiré par le même esprit que le Code civil, je veux dire par l'esprit de justice, de sorte que ces deux Codes, loin d'entrer en conflit l'un avec l'autre, se compléteraient réciproquement & se joindraient comme les deux mains du corps social pour apprendre à tous leurs devoirs & assurer le respect de leurs droits.

DISCOURS DE M. BOURDILLON

BÂTONNIER DE L'ORDRE DES AVOCATS À LA COUR D'APPEL DE PARIS.

M. le procureur général près la Cour de cassation a bien voulu, en sa qualité de président du Comité, m'inviter à prendre aujourd'hui la parole devant vous.

Mes premiers mots seront pour lui adresser les sincères remerciements de l'Ordre des avocats.

Nous ressentons vivement l'honneur qui nous est fait & le considérons comme une marque précieuse des rapports excellents qui n'ont cessé d'exister entre la magistrature & le barreau, — rapports où nous mettons toute notre déférence & où nous est témoignée une estime dont nous sommes justement fiers.

J'ai donc accepté la mission de vous entretenir des lois modificatives du Code civil, &, maintenant que l'heure est venue de tenir ma promesse, je demeure quelque peu effrayé de ma témérité.

Mon embarras naquit de l'ampleur d'un tel sujet & de la difficulté que j'éprouvais à le renfermer dans le cadre étroit où la discrétion me faisait un devoir de le restreindre.

Une alternative s'offrait : ou bien ne rappeler que les lois capitales qui, sous l'empire des nécessités nouvelles, ont profondément amendé l'œuvre de 1804, ce qui permettait les commentaires, mais ne donnait, du grand travail accompli, qu'une notion imparfaite; ou bien se limiter à un consciencieux inventaire, s'interdire tout aperçu personnel & laisser apparaître ainsi, dans sa plénitude, l'incessant effort du législateur.

J'ai cru devoir suivre la seconde méthode, pensant ainsi répondre plus exactement au but que se propose le Comité.

A procéder ainsi, j'encours le reproche de monotonie & je m'y résigne, comptant sur votre bienveillance pour obtenir mon absolution.

Les personnes, la famille, la propriété, le travail ont simultanément appelé l'attention des législateurs modernes & provoqué des réformes ou des recherches dont je vous soumets le rapide exposé.

I

Peu nombreuses sont les lois modificatives de l'état des personnes prises isolément & abstraction faite des liens de famille.

La première lacune qu'après trente ans écoulés l'expérience signala fut celle relative aux aliénés.

Le Code civil, à la vérité, s'en était occupé, ne visant toutefois que les interdits.

La loi du 30 juin 1838 vint compléter ses dispositions en réglementant les conditions de l'internement, la surveillance des asiles & la gestion des biens des aliénés non interdits.

Cette loi soulève aujourd'hui de vives critiques.

Néanmoins, malgré ses imperfections, elle reste comme la marque du premier effort sérieux tenté pour améliorer le sort & la condition des infortunés privés de leur raison.

Dans le même ordre d'idées, deux lois ultérieures sont intervenues : l'une, en date du 27 février 1880, a augmenté les mesures protectrices de la fortune mobilière de l'interdit, remise aux mains du tuteur; l'autre, du 16 mars 1893, a étendu l'article 501 & assuré une plus efficace publicité aux jugements relatifs à l'interdiction & au conseil judiciaire.

L'adoucissement graduel des mœurs allait amener la suppression d'un ensemble de mesures qui, suivant la très juste expression de M. Laurent, constituait une « fiction atroce ».

Le 31 mai 1854, la mort civile était abolie. Un législateur plus clément y substituait la dégradation civique & l'interdiction légale, créant ainsi, au profit de certains condamnés, une résurrection juridique.

Toujours sous la même influence, la contrainte par corps allait disparaître &, le 22 juillet 1867, la maison légendaire de Clichy avait vécu! Maintenu à bon droit pour assurer l'exécution des arrêts de la juridiction répressive, ce mode de coercition, appliqué aux matières civiles, constituait un outrage à la dignité humaine & établissait une assimilation inacceptable entre le délinquant & le débiteur.

Pourquoi faut-il que nous ne puissions nous indigner comme il conviendrait au souvenir de cette barbarie défunte? Serait-ce parce que nous devons à la prison pour dettes de Londres les délicieux croquis de Dickens? Pouvons-nous détester tout à fait la prison de Clichy, cette Bastille des artistes qui prit des airs d'asile, & devint presque une école, la plus aimable & la plus enjouée des écoles littéraires?

Mentionnons pour mémoire les lois de 1874, de 1889 & de 1893, sur la nationalité; rappelons d'un mot celles de 1893, de 1899 & de 1900 sur les actes de l'état civil relatifs aux Français en pays étrangers, dans les colonies & en temps de guerre; mais signalons avec courtoisie la loi du 7 décembre 1897 qui, bien tardivement, a reconnu aux femmes le droit de figurer comme témoins dans les actes de naissance, de mariage ou de décès, les associant justement à la constatation solennelle de nos joies ou de nos deuils, pourvu toutefois qu'elles ne soient point assistées, en cette occurrence, suivant une expression tombée en désuétude, de leur « seigneur & maître ».

II

Les modifications apportées à l'organisation de la famille sont beaucoup plus considérables; toute atteinte à sa constitution entraîne, en effet, des conséquences qui se répercutent au loin & touchent à l'avenir même des sociétés humaines.

Les lois si passionnément débattues de 1884 & de 1886 sur le divorce, bien loin de constituer une dérogation à l'esprit du Code, dénotent, au contraire, un retour au système qu'il avait organisé. Elles méritent cependant d'être signalées, car la reconstitution de l'ancien édifice n'a pas été complète.

Le législateur moderne s'est refusé à remettre en vigueur le divorce par consentement mutuel. Puis, cédant à la pression des idées nouvelles, il a placé les époux sur un pied d'égalité rigoureuse & décidé que l'infidélité du mari serait, comme celle de la femme, une cause de rupture, alors même que cette infidélité aurait été commise en dehors du domicile conjugal.

La puissance paternelle n'a pas été maintenue avec le caractère absolu que lui avait imprimé le Code.

Il est enfin apparu que l'enfant ne devait pas être regardé comme une sorte de propriété du père; que la collectivité était intéressée à ce que des mesures de protection fussent prises au profit de l'enfant contre l'ignorance, la brutalité ou l'âpreté de ses parents.

Les esprits les plus modérés, les plus fortement imbus des anciens principes, proclamaient la nécessité de tempérer l'autorité paternelle. « Il faut venir au secours de l'enfant, » s'écriait

M. Demolombe. «Nous ferons comme nous pourrons, mais il faut absolument que nous en venions là. La raison, la morale, l'humanité même l'exigent.»

La loi du 7 décembre 1874 & surtout celle du 24 juillet 1889 ont réalisé ce vœu en posant le principe de la déchéance & en réglementant son application.

C'est encore un échec, moins grave, il est vrai, qu'infligea à la puissance paternelle la loi du 20 juin 1896 qui, désireuse de faciliter les mariages, permet aux enfants ayant atteint la majorité prévue par l'article 148 de contracter une union après la signification d'un seul acte respectueux, & décide qu'au cas de dissentiments entre les parents divorcés, sera seul nécessaire le consentement de l'époux qui aura obtenu la garde de l'enfant.

Le législateur a pensé que, s'il convenait d'apporter des tempéraments aux droits du père & aux prérogatives du mari, il était aussi nécessaire de ménager un sort plus doux à l'enfant naturel & au conjoint survivant.

C'est sous l'empire de cette préoccupation qu'ont été votées la loi du 25 mars 1896, qui confère la saisine aux enfants naturels tout en augmentant leur part héréditaire, & la loi du 9 mars 1891, qui assure au conjoint survivant une situation plus équitable, en suppléant à l'absence du testament par l'expression légale de la volonté présumée de l'époux décédé.

Diminution du principe d'autorité, mais conception plus large & plus humaine de la famille, voilà le bilan de ces lois.

La logique de l'évolution conduit l'esprit moderne à penser que les sociétés, en se sentant plus stables, ont la possibilité de se départir, sans danger, de l'extrême prudence qui a présidé à leur naissance & qui trouvait sa justification dans la crainte de compromettre leur avenir.

III

Il n'est point contestable que le Code civil, de l'aveu même de ses auteurs, fut avant tout & surtout une assise de la propriété & une réglementation des droits qu'elle confère.

Telle est, en effet, l'affirmation constante des légistes de 1804. C'est Joubert qui déclare que « le respect pour la propriété se montre à chaque page du Code ». C'est Louvet qui estime que le Code « a pour grand & principal objet de régler les principes & les droits de la propriété »; c'est le tribun Lahary qui proclame que « la plus précieuse mesure d'un Code civil, la plus précieuse comme la plus importante de ses dispositions, est celle qui constate le droit de propriété; toutes les autres n'en sont que les suites ou les conséquences ».

A cette première notion se joignaient, étroitement reliés, le principe des droits des héritiers sur le patrimoine de la famille & celui de l'égalité en matière de partage. Le désir de donner à la cour impériale l'éclat de l'ancienne monarchie avait fait apporter à cette dernière règle une exception notable, par la création des majorats.

Maintenue sous la Restauration, cette institution fut interdite, pour l'avenir, par les lois de 1835 & de 1849, qui, modificatives en apparence de la lettre même du Code, constituent en réalité un retour aux idées égalitaires qui l'avaient inspiré.

La même appréciation doit être formulée en ce qui touche la loi célèbre du 23 mars 1855 sur la transcription hypothécaire. Bien loin de porter atteinte au droit primordial que consacre l'article 554, cette loi a, suivant les expressions de M. Debelleyme : « appelé sur la propriété la confiance des capitaux en donnant au développement de son crédit une base satisfaisante ». Les promoteurs de cette sage réforme protestaient, d'ailleurs, de leur respect pour l'œuvre de 1804 & spécifièrent, en abordant la discussion, qu'ils ne songeaient point « à porter sur le Code Napoléon une main sacrilège, ni à faire le sacrifice d'une législation qui leur était chère ».

Il n'en pouvait être toujours ainsi, & les conflits devaient fatalement surgir entre les droits de la collectivité & les intérêts opposés du propriétaire.

L'intervention du législateur devenait nécessaire.

Elle s'est manifestée par des lois qui sollicitent l'attention, car elles constituent des restrictions importantes au droit absolu de disposer & de jouir, & altèrent la notion de la propriété intangible telle que le Code l'avait comprise.

Il convient de ranger dans cette vaste catégorie les lois relatives aux logements insalubres, à la démolition des bâtiments menaçant ruine, au desséchement des marais, &c.; à l'acceptation des dons & legs par les personnes morales; à la restriction du privilège du bailleur en cas de faillite; à la responsablité des colocataires en cas d'incendie; enfin, aux conditions d'existence des associations formées dans un but autre que le partage des bénéfices.

Un événement considérable, d'ordre économique, allait rendre urgentes de nombreuses retouches. Nous faisons allusion à l'importance, sans cesse grandissante, des biens mobiliers.

Avec le développement industriel, le meuble a cessé d'être *res vilis;* il est devenu, au contraire, qu'il s'agisse d'actions ou d'intérêts financiers, un élément de richesse égal, sinon supérieur, à celui que fournit la propriété immobilière.

Le législateur moderne devait — on le conçoit — se préoccuper de cette forme nouvelle & si diverse de la propriété.

Pour en suivre toutes les transactions, il fallait en saisir tous les aspects. Tâche ardue & particulièrement délicate que celle qui consiste à organiser & à réglementer le crédit! Il était nécessaire, enfin, de donner à cette propriété, négligeable hier, considérable aujourd'hui, les garanties légales qui lui faisaient encore défaut. Le législateur a témoigné de sa sollicitude en édictant des lois qui protègent la fortune mobilière du mineur, proclament la validité des marchés à terme, répriment les abus commis en matière de vente à crédit des valeurs de Bourse, & facilitent le nantissement des fonds de commerce.

Ainsi, les sociétés humaines, obéissant aux instincts de progrès & d'extension, multiplient sans cesse les créations de leur activité; mais, si elles savent qu'il n'y a point dans l'infinie variété des transformations économiques de forme absolue & éternelle, leur sagesse instinctive leur conseille cependant de ne point détruire les fortes assises où reposent les constructions qui abritèrent leurs premiers efforts.

IV

Nous voici parvenus à notre dernière étape.

Si le Code civil s'était appliqué à résoudre les questions qui intéressent la famille & les biens, il avait négligé l'examen des problèmes que soulève la situation de l'homme vivant de son travail manuel.

Quelques articles sur le louage d'ouvrages, quelques dispositions relatives au privilège des ouvriers du bâtiment & à celui des gens de service pour le payement de leurs salaires, constituent les seules traces appréciables d'une préoccupation vraiment trop secondaire.

Le prodigieux essor de l'industrie & le sentiment toujours vif de la solidarité allaient conduire le législateur à prendre de façon plus efficace la défense d'intérêts trop longtemps méconnus.

Pendant plus d'un demi-siècle, deux efforts seuls sont tentés & se traduisent par la loi du 30 octobre 1836 qui, restreignant les droits du père & ceux du patron, prohibe l'emploi des mineurs de dix-huit ans dans les fabriques de fulminate de mercure, &, par la loi du 22 mars 1841, demeurée toute platonique faute d'un contrôle sérieux, qui réglemente avec précision le travail des enfants dans les manufactures.

Mais voici que la légalité des coalitions est proclamée en 1864 & que, le 2 août 1868, disparaît du Code l'article 1781 qui, créant au maître une situation privilégiée, tranchait en sa faveur, & sur sa simple parole, les contestations relatives à la quotité des gages & aux versements effectués.

Seize années plus tard, les syndicats professionnels sont constitués & il semble que, depuis cette époque, chaque législature ait tenu à honneur de marquer sa sollicitude au monde du travail.

C'est, le 27 décembre 1890, le remaniement de l'article 1780, dans la pensée d'épargner à l'employé les conséquences préjudiciables d'un congédiement brusque & injustifié.

C'est, le 30 novembre 1894, la modification de la règle posée par l'article 815, que « nul n'est tenu de rester dans l'indivision », inspirée par une pensée d'encouragement pour la petite propriété & de protection pour la propriété des humbles.

C'est, le 9 avril 1898, la responsabilité patronale apparaissant comme une relation nécessaire entre l'accident & le travail, & détruisant, en cette matière, les idées du législateur de 1804, qui se refusait à concevoir qu'une responsabilité pût jamais être encourue sans que l'existence d'une faute eût été préalablement démontrée.

Ce sont, enfin, les lois de 1900 & de 1902, fixant le nombre des heures de travail dans les manufactures, protégeant hommes, femmes & enfants contre les excès du labeur quotidien & imposant ainsi à la liberté des conventions des limites que le Code civil n'avait pas voulu souffrir.

J'en ai fini, Messieurs, & il ne m'échappe point qu'en essayant de remplir la tâche qui me fut assignée, en vous rappelant une à une ces lois multiples qui vinrent s'adjoindre & s'incorporer au Code pour le modifier ou le compléter, je risquai de donner prise aux détracteurs résolus de l'œuvre de 1804.

S'ils voulaient me prêter quelque pensée d'ironie, je ne craindrais pas de leur répondre que, sans doute, le Code ne fut point intangible! Seul l'orgueil d'un créateur, ou la partialité d'un critique, se refuserait à reconnaître que, dans la lente mais continuelle transformation des rapports humains, une œuvre sociale ne peut prétendre à la durée qu'à la condition de ne point être immuable.

Mais, croyez que celle-là est bonne — & je puis dire glorieuse — que les générations respectueuses de l'harmonie qu'elles y découvrent, conscientes de la grandeur qui s'y révèle, travaillent à sauvegarder chaque jour des atteintes du temps.

N'est-ce point ce culte raisonnable du passé qui écarte les hardiesses malencontreuses, rassure les pensées hésitantes, en un mot, discipline l'effort.

Et tel est le sens, Messieurs, de l'hommage, sinon le plus éclatant, du moins le plus unanime que nous puissions décerner au Code civil : reconnaître que nous lui devons la coordination la plus vaste de nos monuments juridiques, & que c'est, soyez-en sûrs, la fermeté & la vigueur des principes que nous y puisons qui fécondent & vivifient le travail incessant des législateurs modernes.

DISCOURS DE M. LE JEUNE

MINISTRE D'ÉTAT DE BELGIQUE

La France, dans cette solennité destinée à célébrer une de ses plus grandes gloires, se devait à elle-même d'avoir pour interprètes de ses sentiments envers les auteurs de cette gloire les hauts dignitaires dont nous venons d'entendre les discours éloquents. La Belgique doit le privilège de joindre au leur son tribut de louanges à la circonstance qu'elle a vécu, sous le régime du Code civil de la France, les cent années qui se sont écoulées depuis la publication de ce Code. La tâche de celui qui va parler pour elle est aisée autant que modeste. Un simple & rapide récit des événements qui ont fait de la Belgique la nation qu'elle est aujourd'hui dira toute sa reconnaissance envers la France, tant le bienfait qui la lui inspire est éclatant.

L'organisation politique & administrative que la conquête française étend, en 1794, au pays des Belges était destinée, dans sa conception première, à mettre en pratique, sous la sauvegarde des lois, les principes d'égalité & de liberté que la France venait d'affirmer dans une retentissante profession de foi politique. Le Code Napoléon règle selon ces mêmes principes les droits & les obligations qui se rapportent aux intérêts & aux actes de la vie privée &, en le promulguant, la France renouvelait sa profession de foi sous une forme & dans des circonstances qui la rendaient souverainement imposante.

A l'autorité morale & doctrinale de l'œuvre immortelle que la science du droit, ramenée dans les voies de la vérité & de la justice, avait achevée en France, s'ajoutait le prestige d'une puissance formidable, terreur de l'Europe & admiration du monde, à une époque où les triomphes militaires les plus sanglants excitaient encore l'admiration & l'enthousiasme.

Ce que la profession de foi de la France annonçait, c'était la liberté rendue au travail, l'industrie dégagée de ses entraves, la science encouragée dans ses recherches, l'élan communiqué au génie de l'invention, les découvertes merveilleuses de la science & les perfectionnements de l'industrie transformant les conditions matérielles de la vie sociale dans notre civilisation & donnant l'essor à cette âme impersonnelle, formée de justice, de générosité, de pitié pour toutes les souffrances, si humble qu'en soit la plainte, vraie âme de l'humanité qu'aujourd'hui nous sentons planer sur les événements du siècle.

Nul ne devina, alors, jusqu'où atteindraient, avec le temps, au cours du XIXe siècle, les conséquences de ces nouveautés combattues comme subversives; mais aujourd'hui, pour nous qui comparons ce siècle à ceux qui le précèdent, l'amélioration, en tout ce qui intéresse les destinées de l'humanité, est immense. La France la prédisait sans en prévoir ni l'étendue ni les détails & il semble, tant l'accomplissement de cette prédiction domine tous les événements de l'époque, que, dans les desseins de la Providence, l'éclat des victoires foudroyantes & le fracas des batailles ne dussent servir qu'à commander l'attention du monde, au moment où la France apprenait aux peuples attardés sous le poids de leur passé qu'une ère nouvelle commençait pour eux, telle la voix du prophète proclamant que l'heure est d'apprendre & de se préparer aux choses prophétisées.

C'est la France qui, dès les commencements de l'ère nouvelle, a préparé les Belges aux choses prophétisées &, aujourd'hui, nation heureuse entre toutes, qui grandit dans la paix & la prospérité, depuis soixante-quatorze ans, sous une constitution où se retrouvent, entourés de garanties inébranlables & éprouvées, les principes de liberté & d'égalité affirmés par la France en 1789 & sanctionnés par le Code civil, les Belges rendent à la France un hommage pénétré de reconnaissance.

Avant que la France l'eût prise à l'Autriche, la terre natale des Belges formait les territoires des quatre duchés, trois comtés, deux principautés & deux seigneuries, autant d'États distincts dénommés *Provinces belgiques,* entre lesquels la réunion sous une même souveraineté, fait purement personnel au souverain, était le seul lien. Chacun de ces onze États avait ses institutions politiques qui lui étaient particulières & ses multiples coutumes locales.

Les Belges, cantonnés dans leur duché, leur comté, leur principauté, leur seigneurie, les uns nobles, les autres bourgeois ou manants, voués à des destinées différentes, étaient partagés d'intérêts. Les calamités dont, si souvent, ils se sentaient menacés ne leur paraissaient pas comme un danger commun contre lequel ils auraient pu se défendre, tous ensemble. De duché ou comté à comté ou duché, ils ignoraient les malheurs, les uns des autres, quand la guerre les visitait au hasard des occasions de ravages & de massacres.

Les institutions politiques qui les séparaient en groupes arbitrairement formés entretenaient entre eux de mutuelles hostilités, les événements violents qui se succédaient dans leur pays & dont ils ressentaient le perpétuel contre-coup, sans défense possible dans leur province belgique isolée des autres, n'avaient laissé naître & se développer parmi eux aucun intérêt qui leur fût commun à tous, & les énergies de leur race se dépensaient dans le désordre des rivalités vaines.

Pour la tenure de la terre, la possession de la glèbe, le gain du labourage & celui du travail des métiers, pour la formation & l'exécution des contrats, pour les relations de famille & la transmission des biens du mort au vif, leurs règles étaient celles de leurs innombrables coutumes locales & elles variaient à l'infini. D'une ville à l'autre ou d'une communauté d'habitants à une autre, à la distance de quelques lieues, les rapports juridiques dans la vie des bourgeois ou des manants ne se ressemblaient plus, droits & obligations se contredisaient mutuellement. Souvent, la coutume était incertaine & c'était à une judicature peu sûre à en vérifier l'existence. Plus souvent encore, le sens en était douteux & le recours au Digeste romain conduisait à l'arbitraire du juge. Les inconvénients étaient énormes, mais, nées d'un libre accord de volontés, les coutumes obscures & disparates étaient jalousement conservées.

D'où provenait l'attachement obstiné des Belges à leurs coutumes locales? — D'une passion qui est le trait dominant & distinctif du caractère propre à leur race : la passion de la liberté individuelle sous toutes les formes, particulièrement sous la forme de l'association, en souvenir de leurs luttes communales, en souvenir aussi du droit d'insurrection dont, toujours, ils avaient su imposer à leur souverain la solennelle reconnaissance.

Les droits civils & politiques qu'ils puisaient dans leurs coutumes locales étaient, pour eux, nobles, bourgeois & manants, leurs privilèges, franchises & libertés, parce que, de leurs souverains à eux, ces droits leur étaient contractuellement acquis & sacramentellement garantis. En échange du serment par lequel leur souverain s'engageait, envers eux, à respecter les privilèges, franchises & libertés qu'ils tenaient de traditions séculaires, les Belges lui promettaient soumission à son autorité, librement & sous la réserve, écrite ou tacitement convenue, de leur insurrection, en cas de violation de son serment.

Les prérogatives & les profits que procuraient ces droits différaient, cela s'entend, selon le rang des bénéficiaires. Dans chacun des onze États entre lesquels les Belges se trouvaient répartis, le clergé & la noblesse avaient souci de se conserver les avantages de leurs privilèges, franchises & libertés, mais ils furent toujours prêts à soutenir, canoniquement ou à main armée, la cause des bourgeois, lorsque le grief à réprimer, l'ordonnance vexatoire du souverain ou sa voie de fait, mettait en péril au mépris des traditions qui les consacraient, les privilèges, franchises & libertés de la province belgique où ils avaient leurs prébendes & leurs fiefs. Aussi, le clergé & la noblesse, associés des bourgeois & manants pour l'insurrection éventuelle, étaient-ils généralement populaires dans les provinces belgiques.

Après les horreurs de son règne au pays des Belges, Philippe II voulut que cette contrée fût le territoire d'un unique État. Il en donnait la souveraineté en dot à sa fille Isabelle, fiancée à l'archiduc Albert. Les artistes & les savants du pays ont répandu sur le règne très doux d'Albert & d'Isabelle une extraordinaire splendeur, mais, pour que les Belges devinssent une nation ayant titre & attributs d'État, il fallait autre chose qu'un contrat de mariage, les fiançailles de leurs souverains & l'aménité de ceux-ci.

La conquête française substitue aux institutions antiques, dans le pays des Belges, l'organisation politique & administrative qui fut, de 1789 à 1791, l'œuvre prodigieuse & magnifique de l'Assemblée nationale de France, & elle a pour conséquence qu'en 1804 le Code Napoléon entre en vigueur au pays des Belges. La conquête française apportait aux Belges, arrachés pour toujours à la hiérarchie féodale, le bienfait d'une législation politique & civile fondée sur l'absolue égalité des hommes devant la loi, &, comme garantie de ce bienfait, elle leur donnait les institutions nouvelles du puissant État dans lequel elle les range & une judicature organisée pour être, à jamais, intègre, indépendante & juste. Citoyens de cet État, les Belges en voient de près les lois s'exécuter & les institutions fonctionner méthodiquement. Les lois pourvoient aux intérêts publics qui sont communs à la nation entière. L'administration gère les intérêts provinciaux ou communaux &, pour en mieux distribuer les rouages, les lois divisent en départements, arrondissements & municipalités le territoire national dans la vaste étendue duquel elle opère uniformément. Les intérêts qui se traduisent en droits & obligations dans les relations de la vie privée sont l'objet d'une législation écrite dont le texte, sans lacune, incomparablement clair & précis, établit, pour tous, sans distinction de classes ni de rangs, la même certitude inflexible des droits & des obligations.

Le maintien assuré des droits dont la provenance est légitime, la sanction équitablement réglée des obligations effectivement contractées, la paisible jouissance & disposition des biens régulièrement acquis, la faculté de conclure valablement toute convention dont l'objet est licite, la protection, égale pour tous, contre les attentats au droit de chacun d'aller & venir & de pratiquer le culte conforme à ses croyances, telles sont les formes diverses sous lesquelles la liberté individuelle se manifeste dans le domaine des intérêts & des actes de la vie privée. Les Belges n'en avaient, dans leur passion de la liberté individuelle, qu'une conception instinctive & vague & voici que le texte d'un Code en trace, d'après les données de la science du vrai & du juste en matière civile, une définition dont la formule, à la portée de tous, servira d'appui aux revendications contre les empiètements du pouvoir & les entreprises de la mauvaise foi.

Les Belges, en participant à cette vie si bien réglée d'une nation maîtresse d'elle-même, apprenaient quelle puissance salutaire est cette force des nations libres : l'unité politique, administrative & juridique. La conquête française le leur enseignait. Il y eut des heures de déception & de doute, mais l'impression produite par cet enseignement était si profonde que, quand vinrent ces heures de déception & de doute, suite de certains actes de volonté impériale, l'effet n'en fut que de suggérer à ce peuple, dans l'esprit duquel l'idée d'une nation formée de tous ceux de sa race avait pris racine, le rêve d'un idéal, d'apparence, pour lors, singulièrement chimérique : devenir une nation maîtresse d'elle-même, fonder un État dont les institutions seraient semblables à celles de la France & se donner une constitution lui assurant, pour toujours, la liberté passionnément aimée.

Lorsque, en 1815, les hasards d'une bataille les retranchent définitivement de la nation française, les Belges, grâce à la France, étaient préparés aux destinées nouvelles que la Providence leur réservait.

Quinze ans plus tard, avec le concours chevaleresque de la France, leur idéal se réalisait.

La France avait déclaré, dans sa profession de foi, que tous les pouvoirs émanent de la nation & que les hommes sont égaux devant la loi. Les Belges inscrivent cette déclaration dans la constitution qu'ils se donnent. La France avait désigné, comme devant être constitutionnellement garanties, l'inviolabilité de la propriété, la liberté individuelle, la liberté des cultes, la liberté de manifester ses opinions. A toutes ces libertés, les Belges en ajoutent trois autres auxquelles ils ont foi & qui sont, toutes trois, l'objet de leur prédilection : la liberté d'association, la liberté de l'enseignement & la liberté de la presse. Leur constitution confie au pouvoir judiciaire le soin de contraindre au respect des lois le pouvoir exécutif & les autorités qu'elle charge de régler les intérêts exclusivement communaux ou provinciaux. Quant aux libertés inscrites dans leur constitution, les Belges comptent, pour les préserver de toute atteinte du côté du pouvoir législatif, sur la liberté de la presse affranchie de toute restriction préventive & sur un sentiment national dont témoignent & leurs traditions séculaires & l'épreuve de soixante-quatorze années que leur constitution a subie.

Les principes dont le Code civil de la France est l'admirable expression demeurent la règle des intérêts & des actes de leur vie privée. Ils songent à en élargir le champ d'application pour la solution des problèmes sociaux de protection & d'assistance dont le lointain pressentiment se rencontre dans les dispositions de ce Code qui consacrent, sous la forme de la rescision pour cause de lésion, le principe du secours au faible venant tempérer les rigueurs de la sanction attachée aux contrats librement consentis.

Le 29 octobre, à 8 heures du soir, un banquet réunissait dans la grande salle du Palais d'Orsay, au nombre de 400 convives, les adhérents à la manifestation, les invités français & étrangers & un certain nombre de dames. M. Vallé, Garde des Sceaux, Ministre de la Justice, présidait la table d'honneur, assisté de M. Chaumié, Ministre de l'Instruction publique. Au dessert, M. Vallé a prononcé le toast suivant :

MESDAMES,
MESSIEURS,

Les travaux entrepris par la Société d'Études législatives sont terminés; les discours aussi.

Il me reste à remplir un devoir de reconnaissance envers tous ceux qui ont contribué à l'éclat de cette fête, & je croirais m'acquitter assez mal de cette dette si je la payais en trop de mots.

La solennité de ce jour a été un hommage rendu à la nation tout entière; il est juste que le haut magistrat qui la représente avec autant d'autorité que de bonté, qui fut & qui est encore un ami du droit, reçoive ici la première part.

Je lève mon verre en l'honneur de M. Loubet, Président de la République française.

Après ces paroles, la musique a exécuté la Marseillaise, *écoutée debout par tous les assistants, puis M. Vallé a repris la parole en ces termes :*

Au nom du Gouvernement français, j'adresse mes remerciements les meilleurs & les plus cordiaux à MM. les Délégués des puissances étrangères & aux savants de tous les pays qui se sont associés à nous durant ces derniers jours.

C'est la récompense d'une démocratie comme la nôtre, qui ne se désintéresse d'aucune manifestation de l'intelligence humaine où qu'elle se produise, & qui recherche volontiers pour toutes les œuvres qu'elle entreprend l'assentiment de l'Europe, de voir venir à elle les jurisconsultes des nations voisines, de les voir nous apporter, avec le témoignage d'une amitié précieuse, leur jugement sur notre droit & l'expression des sentiments de solidarité qui unissent de pays à pays les juristes & les penseurs épris d'une législation toujours plus large, toujours plus généreuse.

Je porte leur santé & les prie d'accepter les vœux que forme le peuple français pour les Souverains & Chefs des États auxquels ils appartiennent.

Revenant maintenant à notre propre pays, qu'il me soit permis de m'adresser aux dignitaires qui, après M. le Président de la République, occupent chez nous le premier rang.

C'est de vous, Mesdames, que je veux parler.

Ce fut une idée assurément très heureuse, mais quelque peu paradoxale de vous faire participer à la célébration d'un Code qui n'a pour lui ni l'attrait de la jeunesse, ni celui de la nouveauté & qui, de plus, manque à votre égard de justice & de galanterie.

Heureusement, il doit vous être, je pense, peu familier. Je ne crois pas que vous vous soyez beaucoup complu à le feuilleter, & je vous en félicite, car vous en auriez éprouvé quelque dépit, en voyant que dans les différents chapitres qui vous concernent, il est surtout question des choses que vous n'avez pas le droit de faire ou de celles que vous êtes contraintes de faire.

Aussi ce livre si lourd a-t-il peu pesé dans vos mains légères; & à côté de la loi si dure de l'homme, vous avez su instituer une jurisprudence qui renverse avantageusement pour vous, agréablement pour nous, les textes aujourd'hui démodés par lesquels on avait eu la sotte prétention de vous asservir à vos maris.

Cette jurisprudence, dorénavant bien assise, s'est établie sans bruit, sans éclat, sans violence, par ce seul fait que vous mettez de la grâce à tout ce que vous touchez, même aux armes forgées contre vous.

Vous nous avez donné une nouvelle preuve de votre tact, de votre goût & de votre esprit, en assistant à cette réunion & en y apportant l'hommage ironique de votre sourire & de votre incrédulité.

Mais vous n'avez pas seulement les dons de l'esprit, vous avez encore ceux du cœur; aussi n'est-ce pas en vain que je vous demanderai de regretter avec nous l'absence de M. le procureur général Baudouin, de M. le professeur Saleilles, qui ont été les inspirateurs de cette cérémonie & que la maladie ou le deuil retiennent loin de nous.

Ce n'est pas en vain non plus que je ferai appel à votre générosité, en vous demandant d'adresser comme nous des félicitations qui, devenant vôtres, n'en auront que plus de prix, à toutes les doctes personnes réunies ici : magistrats, professeurs, membres de l'Institut, avocats, éditeurs qui, au milieu des études qui leur sont chères, ont trouvé le moyen, pour vous plaire, de marier l'austérité du droit à l'agrément d'une fête.

A ce toast, accueilli par les plus vifs applaudissements, M. Lyon-Caen a répondu par l'allocution suivante :

MONSIEUR LE GARDE DES SCEAUX,
MESDAMES & MESSIEURS,

Le Comité d'organisation du Centenaire du Code civil m'a donné une mission qu'il m'est très agréable de remplir. Il m'a chargé d'exprimer sa plus profonde reconnaissance à M. le Garde des Sceaux. C'est à lui que nous devons réellement la célébration de ce Centenaire avec tout l'éclat qu'elle a eu aujourd'hui.

Quand, il y a un an environ, le projet de commémorer le Centenaire du Code civil a été conçu par quelques personnes, elles ont pensé avec raison qu'elles devaient avant tout en faire part au Chef de la justice française. M. le Garde des Sceaux leur a fait le plus bienveillant accueil. Il a immédiatement compris qu'il s'agissait, non d'une stérile manifestation politique ou sociale, mais de la commémoration d'un grand événement, particulièrement glorieux pour la France & important pour tout le monde civilisé. Il nous a promis son appui & il a tenu sa promesse au delà de tout ce que nous pouvions espérer. Avec une cordialité & une simplicité dont il a le secret, il nous a guidés de ses précieux conseils. Il nous a aidés à répondre à bien des objections, à surmonter de nombreuses difficultés. Grâce à son concours, nous avons obtenu des Chambres une subvention qui a contribué à nous permettre de publier un important ouvrage, le *Livre du Centenaire*, composé d'études de plus de quarante publicistes & juristes français & étrangers. Il a donné à la séance d'aujourd'hui un véritable caractère de solennité nationale en la présidant & en obtenant du Président de la République qu'il l'honorât de sa présence. Ce soir M. le Garde des Sceaux nous fait l'honneur de présider ce banquet & joint à tous les services qu'il nous a rendus une gracieuseté dont nous le remercions vivement; il n'est pas venu seul ici; Mme Vallé a bien voulu être des nôtres avec plusieurs membres de sa famille.

Les transformations importantes & nombreuses que subira le Code civil, dans l'avenir, permettront-elles de le considérer toujours comme le Code de 1804? Je l'ignore. Mais, s'il en est ainsi & si, dans cent ans, nos arrière-petits-enfants ont l'idée de célébrer le second centenaire du Code civil, je ne puis leur adresser de meilleur souhait que celui-ci : Puissent-ils avoir, en 2004, pour les diriger, les soutenir, les aider & les présider, un Garde des Sceaux qui ressemble le plus possible à celui que nous avons l'heureuse chance d'avoir avec nous en 1904 !

Nous acquittons un devoir de simple reconnaissance, en remerciant encore une fois, de la façon la plus vive, M. le Garde des Sceaux de son inépuisable bienveillance & je vous prie, Mesdames & Messieurs, de vous associer à ces sentiments en levant, avec moi, vos verres à la santé de M. Vallé & de tous les siens.

J'ai à porter un autre toast, un toast collectif, à toutes les dames étrangères & françaises qui sont présentes à ce banquet & à les remercier vivement de leur présence.

Le Comité d'organisation a invité les dames avec une insistance particulière. La lettre d'invitation porte : *Les dames sont instamment priées d'assister au banquet.*

En invitant instamment les dames, nous n'avons pas obéi seulement à un sentiment de galanterie que tout le monde approuvera, nous n'avons pas voulu seulement éviter que ce dîner, auquel n'assisteraient que des habits noirs, ressemblât à tout, excepté à une fête. Nous avons eu des raisons plus spéciales pour le faire.

Le projet de célébration du Centenaire du Code civil n'a pas été bien accueilli par tout le monde. Des critiques, très sévères & très vives, se sont élevées & s'élèvent encore de différents côtés. En général, nous n'y avons fait aucune réponse.

Mais, parmi ces critiques, il en est une qui nous a été un peu au cœur. On nous a accusés d'être de farouches anti-féministes. On nous a dit : « Vous n'y pensez pas. En célébrant le Centenaire du Code civil, vous allez donner, au début du xxe siècle, votre approbation aux idées sur la condition des femmes de celui dont le Code civil a porté le nom sous différents régimes politiques ; vous allez approuver la disposition brutale de ce Code, d'après laquelle la femme doit obéissance à son mari, reconnaître la légitimité de la condition subalterne que le Code assigne à la femme mariée ».

Sans nous livrer à des polémiques qui n'étaient pas dans notre rôle, nous avons jugé que la meilleure manière de protester contre ces accusations injustes était d'inviter les dames à assister à ce banquet avec une insistance spéciale.

Puisqu'elles ont bien voulu se rendre à notre appel, je ne me bornerai pas à dire que notre admiration pour le Code civil ne va pas sans restriction, mais je donnerai quelques explications.

Le Premier Consul, il est vrai, a tenu à ce qu'il fût dit, dans le Code, que la femme doit *obéissance* à son mari & à ce que cela fût lu aux futurs époux lors de la célébration du mariage.

Faisant allusion à un passage de la Genèse, dans lequel un ange ou Dieu lui-même dit à la première femme : « Tu seras soumise à l'homme, il sera ton seigneur & ton maître », le Premier Consul s'exprimait ainsi : « Cela se dit dans le mariage catholique, mais cela se dit en latin; aussi, les femmes n'y comprennent rien. Il faut que cela soit dit en français. Ce mot *obéissance* est surtout bon pour Paris, où les femmes se croient en droit de faire tout ce qu'elles veulent. Je n'affirme pas que cela produise de l'effet pour toutes, mais enfin cela en produira pour quelques-unes ».

En réalité, la disposition à laquelle le Premier Consul tenait tant, n'a produit d'effet sur presque aucune. Les mœurs sont en contradiction avec la loi. Supposez un étranger, ignorant des lois françaises, venant séjourner en France, y étudiant la façon dont les choses se passent dans les bons ménages. Pourrait-il jamais croire que, d'après le Code civil, la femme doit obéissance à son mari ? Ne présumerait-il pas, plutôt, que le Code renferme la disposition toute contraire : le mari doit obéissance à sa femme ?

Du reste, la disposition du Code civil n'a guère de portée pratique, & il n'est personne de nous qui n'en souhaite la suppression. Il est particulièrement désagréable, pour les époux, d'avoir à entendre lire cette disposition brutale à un moment où ils sont naturellement disposés à se dire & à s'entendre dire de plus douces choses.

Aucun de nous n'a jamais approuvé complètement le système du Code civil sur la condition de la femme mariée. Il est, à cet égard, un fait que je dois citer en terminant. Il y a deux ans, s'est créée à Paris une société nouvelle, la Société d'études législatives; c'est dans cette Société qu'est née l'idée de célébrer le Centenaire du Code civil. Eh bien, quel est le sujet qu'a discuté tout d'abord cette Société ? Une question parmi les plus intéressantes qui préoccupent ceux qui veulent l'amélioration de la condition de la femme : *Des modifications à apporter au Code civil pour permettre à la femme mariée de disposer librement du produit de son travail.* Nous avons passé plusieurs mois à étudier ce sujet. Nous voulions contribuer à hâter le vote définitif d'une proposition de loi déjà adoptée par la Chambre des députés. Nos efforts ont été inutiles jusqu'ici. Mais nous avons, du moins, le mérite de les avoir faits & ce n'est pas notre faute si, en France, comme, du reste, dans beaucoup d'autres pays, les législateurs se conforment parfois un peu trop à la devise du sage : *festina lente*, hâte-toi lentement.

Voilà les motifs qui nous ont fait tenir beaucoup à la présence des dames à ce banquet. Nous les remercions vivement de s'être rendues à notre invitation. En venant ici, elles nous ont montré, il me semble, de la façon la plus aimable pour nous, qu'elles considèrent comme mal fondés les soupçons injustes dont nous avons été l'objet.

Aussi, je vous invite tous, Messieurs, à lever vos verres à la santé des dames étrangères & françaises qui nous ont fait l'honneur & le plaisir de prendre part à ce banquet.

M. Lardy, ministre de Suisse à Paris, a pris ensuite la parole au nom des délégations étrangères & prononcé un discours dont voici le principal passage :

Pour nous, étrangers, qui n'avons pas l'occasion de voir les petits détails, nous sommes dans la situation où je me suis trouvé dimanche dernier en visitant avec mes enfants le palais de Versailles. Les arbres centenaires du parc resplendissaient des mille couleurs de l'automne; les ors, les rouges les plus variés environnaient le palais d'une auréole. Sur le décor merveilleux du soleil couchant, le château profilait ses lignes impeccablement harmonieuses. Il était impossible de ne pas être dominé par l'impression de la grandeur de ce spectacle, de ne pas se sentir en présence de deux ou trois siècles de l'histoire d'un grand peuple, de ne pas voir vivre devant soi l'ancienne monarchie française avec ses qualités & ses défaillances. Comment oublier aussi que ce palais avait été conçu d'un seul jet, exécuté avec une rapidité magique, & que, pendant deux cents ans, tous les princes grands & petits, à Moncalieri comme à Potsdam, à Sans-Souci comme à Tsarkoë Selo, avaient tenu à imiter ce Versailles & n'avaient pas eu d'autre idéal architectural? Qui de nous songeait, devant ce grandiose spectacle, à se demander si, dans ce palais impressionnant, on avait oublié quelque cabinet indispensable aux commodités de la vie, si quelque fissure devait être réparée, si quelque boiserie devait être redorée?

Il en est de même de votre Code civil. Pour nous, étrangers, qui le voyons de loin, nous ne pouvons nous lasser de contempler cet ensemble si harmonieux, si simple, si majestueux. Nous nous rappelons que votre Code civil, comme le palais de Versailles, a été construit avec une rapidité, une unité & une puissance de travail qui tiennent du prodige; sans doute, les circonstances vous ont favorisés & la Révolution française, combinée avec les tendances centralisatrices & unificatrices qui sont le fond de l'Histoire de France, vous ont facilité la tâche. Mais nous ne pouvons nous empêcher de comparer votre rapidité avec nos propres lenteurs; la Belgique, depuis un demi-siècle, prépare la revision de son code; l'Allemagne a mis trente ans à élaborer & à mettre en vigueur le sien; la Suisse, malgré un travail intensif commencé en 1874, a dû sectionner, sérier l'entreprise; au bout de neuf ans, elle a adopté son code des obligations, & c'est seulement en juin dernier qu'a été déposé le projet de loi qui unifie notre législation sur le droit de famille, les successions & les droits immobiliers; si tout va bien, si les écluses parlementaires & les rapides du referendum peuvent être franchis sans naufrage, il nous faudra attendre à 1910 pour réunir sous une législation uniforme nos populations allemandes, françaises & italiennes. Permettez-nous, du haut des quarante ans de gestation de notre code civil, de nous incliner avec un respect mélangé de quelque envie devant les trois années qui ont suffi aux rédacteurs du Code français.

De même que l'architecture de Versailles a été imitée par les architectes européens pendant deux siècles, de même votre Code civil est devenu le patrimoine des jurisconsultes de l'Europe & du monde. La Belgique, les Pays-Bas, la Prusse rhénane, la Westphalie, la Hesse & la Bavière rhénane, le grand-duché de Bade, le Jura bernois, Genève, partiellement les autres cantons de la Suisse romande, l'Italie, la Roumanie, le Japon, l'Amérique espagnole, certains États du Dominion canadien ont tour à tour adopté ou copié votre Code civil, ou l'ont tout au moins adapté à leurs institutions. On peut même dire que ce Code a été moins remanié hors de France qu'en France même depuis un siècle, probablement parce qu'il était, suivant la très juste remarque du jurisconsulte zurichois Bluntschli, la première & la plus sérieuse tentative de fusion de l'esprit latin & de l'esprit germanique.

Votre Code civil a jeté dans le monde, & cela suffit à expliquer son rayonnement, trois ou quatre principes nouveaux qui semblent devoir toujours davantage imprégner toutes les législations; vous avez proclamé l'*égalité absolue devant la loi,* supprimant ainsi tous les privilèges quelconques de lieux ou de personnes; vous avez proclamé ensuite l'*indépendance absolue de la législation civile* vis-à-vis des diverses confessions religieuses; enfin, vous avez prouvé par votre exemple que le principe *un seul droit pour un même peuple* est non seulement un idéal désirable, mais une réalité utile & féconde. — Il faut que votre Code civil ait répondu d'une façon merveilleuse aux besoins de la France & de l'Europe à l'époque où il a été rédigé pour qu'il ait pu résister à tant d'assauts pendant un siècle, & quel siècle! le siècle par excellence des transformations, le siècle de la vapeur, des chemins de fer, des télégraphes, le siècle qui a bouleversé plus qu'aucun autre, depuis mille ans, toutes les conditions sociales & économiques des particuliers & des États! Il est équitable de constater à cette occasion que la jurisprudence de vos tribunaux a été, au cours du siècle qui vient de finir, un monument non seulement de science, mais d'opportunisme & d'habileté, ce qui a puissamment contribué à maintenir le contact entre le vieux code & les besoins des générations nouvelles.

Napoléon, jetant à Sainte-Hélène un coup d'œil mélancolique en arrière, a fait une comparaison quelque peu audacieuse entre sa puissance, son action & la puissance de l'humble fondateur du christianisme. L'Empereur rappelait qu'à maintes reprises «il avait passionné les multitudes qui mouraient pour lui; mais il fallait sa présence, l'électricité de son regard, son accent, une parole de lui; alors il obtenait le feu sacré dans les cœurs. — Le Christ seul est parvenu, à travers le temps & l'espace, à élever le cœur des hommes, à les guider & à les inspirer jusqu'au sacrifice, sans que le temps, ce grand destructeur, ait pu ni user cette puissance, ni en limiter la durée».

L'Empereur avait tort & il avait raison. Il pouvait avoir raison de constater mélancoliquement la vanité de ses succès militaires, de son œuvre de conquérant évanouie dans les larmes, les ruines & les haines internationales. Mais l'Empereur avait tort d'oublier les œuvres fécondes de sa jeunesse, d'oublier le Premier Consul présidant avec une clarté, une énergie, une puissance de travail & d'assimilation sans égale aux travaux des jurisconsultes français, & sachant grouper autour de lui toutes les forces vives de son pays. Les rédacteurs du Code civil, sans être les fondateurs d'une religion nouvelle, exerceront pendant de longs siècles, à travers le temps & l'espace, une influence sur la conscience des jurisconsultes de tous les pays.

Je lève mon verre au maintien & au développement de la confraternité scientifique entre les jurisconsultes français & étrangers, au *génie de la France,* dont le Code civil a été une des manifestations les plus pures & les plus lumineuses; je bois *à toutes les gloires de la France!* Qu'elle vive!

M. Dissescou, ancien ministre de la Justice du royaume de Roumanie, avocat & professeur de droit à l'Université de Bucarest, s'est exprimé ainsi :

MONSIEUR LE GARDE DES SCEAUX,
MESDAMES,
MESSIEURS,

Combien glorieuse a été la destinée du Code civil français! La présence de tant d'hommes éminents appartenant à des patries différentes & venus pour fêter ce mémorable Centenaire prête à ces journées un caractère quasi mondial, & à juste raison, car la France a donné son empreinte juridique à la législation des peuples autant qu'elle a déterminé la forme des rapports sociaux. Et si l'on a pu dire que l'homme a deux patries, la sienne & celle dont je suis l'hôte, cela est doublement vrai pour l'étranger qui a choisi le Droit comme objet de son activité intellectuelle.

Votre école, c'est l'école sans épithète, c'est l'arche sainte où sont enfermées les tables de la loi, puisque le Droit français est aujourd'hui ce que fut le droit romain, la source du Droit universel.

Montesquieu, le plus sagace de tous les esprits d'un siècle que Michelet appelait le « grand siècle », a donc eu raison de dire : — & il ne faisait pas de l'esprit sur les lois en le disant : « La loi est la raison humaine, en tant qu'elle gouverne les peuples de la terre. » Cela s'applique spécialement à la loi française dont les principes sont devenus la raison classique du droit moderne dans tous les États civilisés.

Le flambeau allumé par le législateur de 1804 a passé de main en main par delà vos frontières; on peut dire de lui comme du drapeau tricolore qu'il a fait le tour du monde.

Nous sommes nombreux à représenter ici les pays où sa lumière a dissipé les ténèbres gothiques.

Et avec quelle rapidité étonnante, par quel assentiment unanime s'est opérée cette course au flambeau!

La France a bien été, en 1789, la voix par laquelle parlait la conscience de l'humanité. En effet, trois ans après sa promulgation, le Code civil français découlant des grands principes de 1789, devenait le Code civil de l'Europe ou presque. Comment expliquer ce phénomène social? Par la conquête? Non, puisqu'il s'est survécu à la conquête, puisqu'il s'est produit dans les pays — le mien est de ceux-là — où n'a jamais pénétré un volontaire de l'an II ou un grenadier de Napoléon.

Il me semble évident que la puissance d'influence de tout ce qui est français résulte de l'esprit généralisateur & universel qui en est la caractéristique. C'est pourquoi la Révolution française a été universelle par ses effets, contrairement à la Révolution anglaise & à la Révolution américaine qui ont pris & gardé un caractère purement local.

J'ai la conviction profonde de l'influence française, qui certes, comme toute force a son rythme de mouvement, se maintiendra & se développera encore. Je le souhaite en tant que jurisconsulte & en tant que Roumain, car on ne peut la saper impunément; ses ruines meurtriraient ceux qui porteraient dans l'édifice le pic démolisseur; car, comme l'a dit un de vos plus grands penseurs, toutes les parties se tiennent; on ne peut en ébranler une seule sans introduire par contre-coup dans les autres une altération proportionnée à l'importance de celle-ci.

D'ailleurs le Code civil français n'est pas un organe ossifié & qui subirait la loi de la vieillesse; il a le don de se rajeunir, & cette œuvre de vie appartient à la jurisprudence française. C'est elle qui a développé, complété le Code de 1804; c'est elle qui l'a revisé ou plutôt qui le revise tous les jours, car l'action du juge constitue la meilleure, la plus efficace des revisions.

Et maintenant, saluant la Faculté de droit de Paris, *prima inter pares,* je lui apporte l'hommage d'un disciple venu de loin, hommage quasi filial, puisque je lui dois ce que je suis comme homme de loi.

Et combien de mes aînés ont été fiers de conquérir le diplôme qu'elle décerne, non seulement des professeurs, des magistrats & avocats, non seulement des hommes d'État, mais jusqu'à des princes régnants comme le prince Bibesco de 1842.

Et si cette *alma mater* groupe autour d'elle des enfants un peu moins nombreux qu'autrefois, c'est qu'elle a deux filiales, les Facultés de droit des Universités de Bucarest & de Jassy.

A mon salut personnel se joint donc celui de mes confrères qui presque tous ont pu devenir maîtres là-bas pour avoir été disciples ici.

Je bois, Monsieur le Garde des sceaux, Mesdames & Messieurs,

Au génie juridique français !

Au sentiment du Droit de la France !

MM. de Morgenstjerne, délégué norvégien; Crome, professeur à l'Université de Bonn; Castori, professeur à l'Université de

Padoue, avocat à la Cour de caßation de Florence, ont encore prononcé d'éloquentes & chaleureuses allocutions.

La soirée s'eſt terminée par un brillant concert dans lequel l'aßistance à applaudi des artiſtes de l'Opéra, de la Comédie-Française, de l'Opéra-Comique & du Théâtre de l'Odéon.

La célébration du Centenaire du Code civil ne pouvait laißer indifférente l'Administration municipale de la Ville de Paris. M. le Président du Conseil municipal, MM. les Préfets de la Seine & de Police ayant manifesté le bienveillant désir de recevoir le Comité du Centenaire, ainsi que les adhérents étrangers & français qui avaient répondu à son appel, ceux-ci se rendirent à l'Hôtel de Ville, le 28 octobre, à quatre heures & demie, & furent reçus par M. Poiry, vice-président du Conseil municipal, remplaçant M. le président Desplas empêché, de Selves, Préfet de la Seine; Hénaffe, secrétaire du Conseil municipal; Bellan, syndic; Laurent, secrétaire général de la Préfecture de police, remplaçant M. Lépine empêché. Un grand nombre de membres du Conseil municipal, MM. Autrand, secrétaire général de la Préfecture de la Seine; Bernard, directeur du Cabinet du Préfet de la Seine; Bouvard, directeur administratif des Services d'architecture & des promenades & plantations, s'étaient joints à eux pour faire les honneurs de la réception.

Après les présentations d'usage, M. Lyon-Caen s'est exprimé ainsi :

Monsieur le Président du Conseil municipal,
Monsieur le Préfet de la Seine,
Monsieur le Préfet de Police,

Nous sommes réunis en grand nombre à Paris, étrangers venus des pays les plus divers, Français, provinciaux ou Parisiens, pour célébrer le Centenaire du Code civil de 1804. La Municipalité de Paris nous fait l'honneur de nous recevoir dans ce magnifique Hôtel de Ville & s'associe ainsi à nos fêtes commémoratives.

Il appartenait, à tous égards, au Président du Comité d'organisation, M. Baudouin, procureur général à la Cour de cassation, de remercier, au nom de tous, la Municipalité parisienne. Malheureusement, un deuil cruel & récent nous prive complètement de sa présence. Aussi est-ce au vice-président qu'est dévolue l'agréable mission d'adresser de vifs remerciements à M. le Président du Conseil municipal & à MM. les Préfets de la Seine & de Police.

L'accueil qu'ils veulent bien nous faire ne surprend absolument personne. La plupart d'entre nous savent par expérience combien la Municipalité de Paris est hospitalière & quel accueil cordial elle réserve toujours à ceux qui se réunissent dans notre grande cité, dans les buts les plus variés, par exemple pour y étudier des questions d'ordre scientifique ou social ou pour y célébrer quelque anniversaire d'un fait mémorable dans l'histoire de la France & de la civilisation.

C'est bien un anniversaire de cette sorte que nous célébrons.

La promulgation du Code civil de 1804 a été un fait d'une importance considérable pour notre pays & pour tous les pays civilisés.

Le Code civil n'a pas rendu seulement à la France l'inappréciable service d'unifier sa législation. Il a eu, par-dessus tout, le grand mérite de consacrer, dans le domaine du droit privé, organisation de la famille, de la propriété, des successions, de grands principes comme la sécularisation du mariage & de l'état civil en général, l'égalité du partage sans distinction tirée du sexe ou de la primogéniture. Sans doute, pour être juste, on doit reconnaître que ces principes avaient déjà été consacrés par nos grandes assemblées de 1789 à 1804. Mais c'est le Code civil qui les a introduits définitivement dans la législation française & qui leur a donné la forme sous laquelle ils sont heureusement demeurés intangibles.

C'est sous cette forme qu'ils ont vraiment fait le tour du monde & que sans doute ils pénétreront dans les quelques rares pays qui leur sont jusqu'ici demeurés réfractaires.

En énonçant ces idées, nous ne sommes pas, je le crois, aveuglés par l'orgueil national. Les étrangers se plaisent à les proclamer à l'envi, peut-être plus que nous-mêmes. Nous en avons eu des preuves récentes.

A l'occasion du Centenaire du Code civil, nous avons publié un ouvrage en deux volumes remplis d'études diverses sur le Code de 1804.

Au nom de la Société d'études législatives, j'ai l'honneur d'en offrir un des premiers exemplaires à M. le Président du Conseil municipal pour la bibliothèque du Conseil & des exemplaires en seront aussi remis à MM. les Préfets de la Seine & de Police.

La quatrième partie de cet ouvrage, qui a une étendue de plus de 200 pages, est consacrée au Code civil à l'étranger.

Douze de nos collègues étrangers y montrent, dans d'intéressants articles, l'influence considérable & généralement heureuse qu'a eue le

Code civil en Allemagne, en Belgique, en Italie, dans le Luxembourg, en Suisse, en Hollande, en Roumanie, au Canada, en Égypte, & jusqu'au Japon.

La haute importance du Code civil de 1804 n'est pas reconnue seulement dans les pays qui l'ont adopté ou imité. On la reconnaît même dans les pays anglo-saxons, qui ont une législation civile ayant des caractères tout spéciaux. Parmi nos invités se trouvait un des plus hauts magistrats de l'Angleterre, le lord-chief-justice, Lord Alverstone. Au dernier moment, après nous avoir fait espérer sa présence, il a dû s'excuser; la Cour du banc du Roi qu'il préside tient une session du 24 octobre au 21 décembre. En nous exprimant ses regrets il nous dit dans sa lettre : «Je déplore d'être empêché d'assister à un anniversaire aussi intéressant; la mise en vigueur du Code civil a été un événement de la plus grande importance, non seulement pour la France, mais aussi pour le monde civilisé.»

Cependant, il ne faut pas se méprendre sur la portée de l'hommage rendu au Code civil par ceux qui participent à la célébration du Centenaire. Ils n'entendent pas assurément proclamer que le Code civil est une œuvre législative à tous égards parfaite dans toutes ses parties & qu'il convient encore admirablement aux besoins actuels de la société française & aux idées économiques & sociales qui prédominent. Les législateurs du début du dernier siècle n'étaient pas des prophètes; ils ne pouvaient prévoir les grandes transformations de l'industrie dues à l'emploi des machines, la rapidité des communications due aux chemins de fer, à la navigation à vapeur, au télégraphe & au téléphone, ni le développement si heureux des idées d'égalité & de solidarité entre les hommes, qui est le principal honneur des temps où nous vivons. A moins d'être aveugle, on ne peut nier que le Code civil doit recevoir de nombreuses modifications, qu'il doit peut-être être l'objet d'une complète refonte. Mais si des progrès nouveaux sont possibles, c'est, il ne faut pas l'oublier, grâce aux progrès antérieurs & déjà anciens réalisés par le Code civil.

La Municipalité de Paris est avec raison trop attachée aux grands principes de la Révolution française, elle a trop le culte légitime de ce qui a fait la grandeur de la France & son influence pacifique dans le monde, pour ne pas sympathiser avec ceux qui ont organisé le Centenaire du Code civil ou qui coopèrent à sa célébration. Cette sympathie, elle nous la montre par la réception qu'elle veut bien nous faire. Encore une fois, au nom de tous, je lui adresse nos plus profonds & respectueux remerciements.

Au nom des étrangers, M. Edmond Picard, sénateur de Belgique, avocat à la Cour de cassation de Belgique, a prononcé le discours suivant :

Monsieur le Vice-Président du Conseil municipal,
Monsieur le Préfet de la Seine,
Monsieur le Préfet de Police,

J'ai été chargé, pour vous remercier de votre cordial accueil dans ce bel édifice rempli de grands souvenirs, — & c'est peut-être au-dessus de mes forces, — de prendre la parole au nom des jurisconsultes qui sont accourus nombreux de Suisse, d'Allemagne, de Hollande, d'Italie, du Portugal, du Danemark, d'Autriche-Hongrie, de Roumanie, d'Égypte, de Suède & de Norvège, du Japon, du Luxembourg, de Belgique, ma patrie, à la fête du Centenaire du Code civil français.

Hier & aujourd'hui, dans les échanges d'idées qui eurent lieu à la Faculté de droit de Paris, ces étrangers ont exprimé, en ce qui concerne votre Code national, des sentiments d'admiration, de reconnaissance, &, je crois pouvoir l'ajouter, de curiosité.

On peut s'étonner, à première vue, que des pays si divers attachent une telle importance à cet événement propre à la France.

Nous sommes venus pour honorer le Centenaire du Code civil comme nous serions allés pour célébrer l'anniversaire de la naissance de Shakespeare en Angleterre, celle de Goethe en Allemagne, ou, en Espagne, la découverte de l'Amérique par Christophe Colomb.

Ce fut, en effet, un événement historique de premier ordre que la promulgation, il y a cent ans, du Code Napoléon qui, après environ deux mille ans de vie juridique coutumière, a enfin, & à l'heure propice amenée par l'histoire, unifié le droit civil privé de la France.

Ce fut aussi humainement considérable que l'unification du droit romain sous Justinien, treize cents années auparavant.

De là est provenue l'admiration que j'annonçais tout à l'heure.

Mon collègue, M. Lyon-Caen, vous le disait il y a quelques instants : dans l'œuvre judiciaire & législative des pays étrangers, on s'alimente volontiers des travaux français. C'est que la France a un personnel juridique admirable que nous lui souhaitons de conserver intact, sage, savant, impartial, incorruptible. C'est pour l'aide puissante que les nations étrangères en retirent, qu'elles apportent ici l'expression de leur reconnaissance.

Et quant à la curiosité que nous éprouvons, elle porte sur ce que vous allez faire de ce Code fameux qui, aujourd'hui, est déjà une œuvre ancienne.

C'est un beau monument qui a besoin de remaniements & surtout de compléments. A l'organisation si parfaite du droit privé bourgeois & capitaliste qui s'y trouve, il semble que doive être ajoutée l'organisation du droit ouvrier, qu'il s'agisse du travail des muscles ou du travail du cerveau.

A côté de l'édifice actuel, il faut donc en construire un autre plus émouvant, sans doute, parce qu'il est plus social. Partout, dans notre famille européenne, on a le souci de ces questions pathétiques.

On a satisfait notre curiosité en affirmant que c'est aussi le besoin & le souci de la France, & qu'elle y emploiera ses forces juridiques, inépuisables comme sa destinée elle-même.

En Belgique, quand nous avons fêté le centenaire du Code, la cérémonie eut lieu au Palais de justice. Dans ce palais, nous avions choisi la Cour d'assises, parce que le jury qui est appelé à rendre la justice est une émanation de la puissance populaire. Nous voulions témoigner ainsi que la célébration du grand événement se faisait par le peuple & pour le peuple.

Dans votre Paris on l'a fêté, d'une part, à l'Université, asile & foyer de la science; d'autre part, dans cet Hôtel de Ville magnifique où nous sommes réunis. Cela m'a frappé, parce que, dans mon pays, un hôtel de ville est, comme une cour d'assises, l'expression symbolique de la puissance, de la volonté & de la dignité populaires.

Ce choix du local signifie que vous comprenez ce qu'est le droit : une force qui, de même qu'elle a sa source dans l'âme & les mœurs des nations, doit aussi avoir son aboutissement dans leur bien-être, & ne pas demeurer une sorte de science fermée à la masse & monopolisée par les seuls initiés.

Le droit est partout. J'y pensais tantôt en traversant cet immense Paris, qui est moins une ville qu'un peuple, & où, dans l'apparente confusion de la foule agitée & circulante, je voyais tout soumis à une discipline volontaire & harmonieuse, maintenant la paix là où il semble que ne pourraient régner que le trouble & le désordre. Et je me disais : c'est le droit qui fait sentir sa bienfaisante influence, le droit, cette science des *devoirs sujets à contrainte,* limitant sagement & impérieusement la liberté de chacun, par cela même la protégeant pour tous!

Il était naturel, & il est beau, que la Municipalité de Paris montrât qu'elle a ce sentiment de l'utilité, de la nécessité & de la majesté du droit, cette grande, universelle & salutaire hygiène sociale.

Vous en rendez témoignage en nous accordant une solennelle hospitalité dans l'imposant édifice que vous administrez, centre de votre action protectrice sur la grande & tragique cité que fut toujours Paris.

M. Poiry, vice-président du Conseil municipal, a répondu :

MESSIEURS,

Notre président, M. Georges Desplas, eût été particulièrement heureux de recevoir à l'Hôtel de ville de Paris les membres du Comité du Centenaire du Code civil. Frappé tout récemment dans ses affections les plus chères, il m'a chargé d'être auprès de vous, Messieurs, l'interprète de ses excuses & de ses regrets.

Au nom de la population de Paris, je vous souhaite la bienvenue & je vous remercie d'avoir bien voulu consacrer quelques instants à la visite de notre Maison commune.

Il ne m'appartient pas, Messieurs, d'apprécier, en présence des jurisconsultes les plus éminents, la valeur du monument juridique dont vous célébrez le centenaire. Toutefois, il me sera bien permis d'observer qu'aux yeux d'un profane, le principal mérite du Code civil des Français — pour lui donner son premier titre officiel — fut de formuler pour la France entière des règles législatives uniformes.

A l'infinie variété des coutumes & des ordonnances royales enregistrées, le Code civil substitue l'unité de législation.

Il fut ainsi l'un des plus puissants, le plus puissant peut-être &, en tous cas, le plus durable instrument de constitution de l'unité française.

Et c'est pour cela qu'il mérite les honneurs que vous lui rendez.

Aucun vœu n'est plus ardemment & plus fréquemment formulé dans les cahiers de 1789 que celui relatif à l'unité de législation. Et c'est à la Constituante que revient l'honneur d'avoir proclamé, dans la loi du 16-24 août 1790, la nécessité pour le législateur de faire au plus tôt un Code civil.

Aussi bien est-ce le Centenaire de la promulgation du Code civil que vous fêtez aujourd'hui, car le Code lui-même est le fruit d'une longue élaboration où les trois assemblées révolutionnaires ont au moins autant de part que les assemblées consulaires.

Pendant ces quatorze années d'une vie si intense & d'une si prodigieuse fécondité, la législation civile fit l'objet de bien des propositions;

elle subit bien des modifications avant de prendre la forme définitive que lui donna la loi du 20 ventôse an XII.

Les idées & les mœurs se transformaient avec une foudroyante rapidité pendant cette période de gestation de la société moderne, & ces transformations marquent leurs traces dans les projets de code civil adoptés ou simplement discutés.

C'est qu'en effet, la loi n'est & ne peut être que la constatation officielle, & ayant force obligatoire pour tous, des mœurs & des idées. Elle doit donc être incessamment variable & perfectible. Pas plus qu'aucune des œuvres humaines, elle ne peut échapper à la grande règle de l'évolution qui domine le monde social comme elle domine le monde physique.

Et voilà pourquoi j'ai eu tort tout à l'heure de me servir des mots « forme définitive ». Sauf quelques modifications, cette forme légale a duré cent ans ; ce n'est pas du définitif, ce n'est qu'un trop long provisoire.

Vous l'avez si bien compris, Messieurs, vous qui êtes des plus qualifiés pour préparer cette évolution progressive, que vous avez eu le soin de faire précéder la solennité de la célébration du Centenaire du Code civil d'un certain nombre de séances, où vous examinez, avec la haute compétence que vous tenez de vos études & de vos travaux, les modifications profondes qu'il serait bon d'introduire dans la législation fondamentale des Français.

Vous apporterez à cette tâche, j'en suis convaincu, beaucoup de prudence & de circonspection.

Vous ne songerez pas à couvrir le Code de 1804 du « voile respectueux » sous lequel Danton escamota si prestement l'inopportune Constitution de 1793.

Mais cependant vous voudrez marquer la nécessité de mettre nos lois civiles en harmonie avec nos mœurs actuelles. A l'égalité civile théorique proclamée au début du XIXe siècle vous voudrez substituer l'égalité civile effective que réclame le siècle nouveau.

Mais je m'arrête, car je m'aperçois que je me laisse entraîner sur un terrain que je m'étais interdit & où mes opinions personnelles me conduiraient peut-être plus loin que mon rôle officiel ne le comporte.

N'ai-je pas, d'ailleurs, une tâche infiniment agréable à remplir : celle de vous dire combien nous sommes heureux, mes collègues & moi, de saluer les savants éminents qui sont rassemblés en ce moment à Paris; notre bienvenue cordiale s'adresse à tous, mais elle va particulièrement aux juristes étrangers qui ont bien voulu répondre à l'appel du Comité français & qui viennent avec tant d'esprit fraternel attester le rayonnement extérieur de notre pays.

M. de Selves, préfet de la Seine, s'est exprimé ainsi :

MESSIEURS,

J'ai à cœur d'être ici pour vous recevoir & vous souhaiter à mon tour la bienvenue.

Je le devais aux éminentes & sympathiques personnalités qui ont organisé le Centenaire de notre Code civil;

Aux dignes représentants de nations étrangères qui donnent à la France un si précieux témoignage de leur estime & qu'il nous est cher de voir associés à nous pour la commémoration d'un des grands actes de notre vie nationale.

Il m'a semblé, qui ne l'aurait pensé? que je le devais aussi & surtout à la noble idée que ce Centenaire évoque, à la grande œuvre de paix qui a établi dans les rapports des hommes plus de justice & plus d'humanité.

La France a marqué sa place dans le monde par des faits nombreux & souvent retentissants.

Ceux dont la portée a été la plus durable & la plus bienfaisante appartiennent aux œuvres de progrès humain & de paix sociale.

Je souhaite que de plus en plus notre pays se consacre à ces œuvres, que dans leur accomplissement il trouve sa gloire la plus pure, en sorte que, sans réserve, nous les fêtions toujours d'un cœur unanime & que, les bienfaits qui en découleront dépassant nos frontières, le monde entier, comme aujourd'hui, avec nous se puisse réjouir.

Notre vieil Hôtel de Ville vous remercie, Messieurs, de votre visite & de l'honneur que vous lui avez fait en l'associant au solennel hommage que vous rendez à nos grands devanciers.

M. Laurent, secrétaire général de la Préfecture de Police, a prononcé les paroles suivantes :

MESSIEURS,

M. le Préfet de Police qui n'a pu, à son vif regret, retenu par d'autres devoirs, se rendre à cette réception où il eût salué, avec un extrême plaisir, les membres éminents du Comité d'organisation de la fête du Centenaire du Code civil & les représentants des nations qui ont voulu s'associer à cette célébration, m'a chargé de vous adresser ses souhaits de cordiale bienvenue.

Si, par le caractère de notre fonction, nous sommes amenés à feuilleter plus habituellement le Code d'instruction criminelle & le Code pénal, notre souvenir constant rattache à chacun de leurs articles, dans la détermination de la solution que nous y cherchons, le texte des dispositions du Code civil dont ils sont la sanction & qui ont précisé magistralement les droits & les devoirs sans le respect & l'application desquels il n'est pas de société.

Aussi, après l'hommage de ceux qui enseignent, de ceux qui jugent, de ceux qui votent, trouverez-vous qu'il y a place pour l'hommage de ceux qui appliquent, & me permettrez-vous de proclamer, après tant d'autres, notre admiration pour le travail des grands ancêtres qui nous ont laissé ce monument, perfectible comme vous l'avez dit, mais impérissable, & dont le rayonnement s'est étendu, fécond, sur le territoire de tant de nations.

J'associe très sincèrement M. le Préfet de Police à l'œuvre que votre Comité accomplit en fêtant, à cent ans d'intervalle, le retour d'une belle date & l'anniversaire d'un grand acte.

Après une visite des salons de l'Hôtel de Ville, un lunch a été servi dans le salon des Arcades.

La série des fêtes du Centenaire a été clôturée par un dîner suivi d'une grande réception offerts, à la Chancellerie, le 30 octobre, par M. le Garde des sceaux & par Mme Vallé.

Au dîner & à la soirée, au cours de laquelle ont été entendus & applaudis les meilleurs artistes de Paris, avaient été conviés MM. les Présidents du Sénat, de la Chambre des Députés & du Conseil des Ministres, les Ministres & anciens Gardes des sceaux, le corps diplomatique, les ministres, les délégués officiels de Gouvernements étrangers, les magistrats en résidence à Paris, les directeurs & fonctionnaires du Ministère de la Justice, les présidents & membres des grandes corporations judiciaires, le bureau & les membres du Comité du Centenaire, les invités étrangers & les souscripteurs français adhérents à la manifestation.

LOI
CODE CIVIL

www.ingramcontent.com/pod-product-compliance
Ingram Content Group UK Ltd.
Pitfield, Milton Keynes, MK11 3LW, UK
UKHW021226230726
13926UKWH00003B/1264